乡城劳动力迁移与
农村人力资本积累

孙燕铭 著

RURAL-URBAN MIGRATION
AND HUMAN CAPITAL ACCUMULATION
IN RURAL CHINA

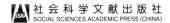

社会科学文献出版社
SOCIAL SCIENCES ACADEMIC PRESS (CHINA)

摘　要

在中国经济体制转轨过程中，随着城市化进程的不断加快，大量劳动力从农村迁往城市，从农业部门转移到非农业部门，从不发达地区流向经济发展水平较高的发达地区。发展经济学的经典理论告诉我们，农业部门与非农业部门之间存在技术差异，因此，要消除城乡二元经济结构、实现农业现代化和农村的繁荣，劳动力在这两个部门间的再配置是一条必经之路。可见，农村劳动力向非农业部门的迁移是我国在 21 世纪面临的最大社会变迁之一。

经典的劳动力迁移理论告诉我们，当考虑人力资本水平的差异时，农业产品稀缺点和市场化点的重合将会延迟，农业部门与工业部门之间的工资差距会更大，农业现代化进程会因此而延长。此时，人力资本水平的提高是农业部门持续发展的重要决定因素，不仅需要以更高水平的农业技术进步的生成机制与高人力资本禀赋劳动力的流出相适应，还需要农业部门的人均人力资本投资增长率高于高人力资本劳动力向工业部门转移所产生的人均人力资本的下降率。

然而，我国独特的国情和制度环境决定了我国的乡城劳动力迁移遵循了一条具有鲜明中国特色的特殊路径。随着我国乡城劳动力迁移的进行，目前，无论是农业劳动力还是乡城迁移劳动力群体，其整体文化素质和技能水平虽有所提高，但幅度并不大。农村地区的整体人力资本投资不足，积累不够，还没有出现质的飞跃。同时，对于留守在农村的劳动力，其人力资本结构也呈现老龄化和妇女、儿童留守等人力资本浅化的趋势。

由此引发的问题是，我国的乡城劳动力迁移究竟会对农村的人力资本积累产生何种影响？而这种人力资本结构的变化是否会影响农业和农村的长远发展，以及我国农业现代化进程的推进？

本书围绕乡城劳动力迁移及其与农村人力资本积累的相关关系这一主题，关注在乡城劳动力迁移过程中，农村人力资本积累对农业部门长远发展和推进城乡一体化进程的重要作用。通过实证研究，论证了我国乡城劳动力迁移与农村人力资本积累的具体关系，揭示了二者之间不同于一般强相关关系的弱相关性。在转轨阶段，我国乡城劳动力迁移对农村人力资本提升的强相关作用还未完全发挥出来，具有滞后性。在此基础上，深入挖掘了我国乡城劳动力迁移与农村人力资本提升弱相关性背后的制度根源，探讨了构建我国乡城劳动力迁移与农村人力资本提升强相关关系的制度对策。

本书采用微观分析和宏观分析相结合、纵向的历史发展进程分析和横向的国内外比较分析相结合的方式，采用时间序列分析中的协整分析、误差修正模型分析、脉冲响应函数分析等方法，沿循从理论分析到实践统计描述和实证检验，再到制度因素分析和制度设计研究的思路进行安排，全文共分8章，各章的具体内容如下所示。

第1章，绪论部分。指出了研究的背景和选题的意义，对相关概念的内涵进行了详细界定和梳理。同时，从总体上介绍了本书的分析框架和研究方法，并对本书的创新之处和可能遇到的难点进行了概括。

第2章，理论综述部分。回顾了关于乡城劳动力迁移的经典理论模型以及该领域的最新进展，对人力资本理论的基本观点以及人力资本实证研究的结论进行了归纳和论述，对目前国内外学者关于劳动力迁移对来源地人力资本积累影响的研究状况进行了简要评述。

第 3 章，在经典乡城劳动力迁移理论模型的基础上，对乡城劳动力迁移及其与农村人力资本积累的一般关系进行理论分析，指出在农村劳动力的迁移概率满足一定范围时，乡城劳动力迁移对农村人力资本提升具有正向的强相关作用，并通过一些西方国家的实践证据对其进行了论证和说明。由以上分析可以得出，在乡城劳动力迁移对农村人力资本积累的强相关作用下，农业部门的人力资本积累是一个动态的过程。从长期来看，农业部门持续的人力资本投资对其人力资本的提升效应能够抵消或超过其劳动力迁出所带来的人力资本流失效应，从而逐步提高农业劳动力的综合素质，提升农业部门的人力资本积累，而这也是农业部门进一步发展的关键。

第 4 章，通过对改革开放以来我国乡城劳动力迁移发展的历史阶段的回顾，以及与西方国家乡城劳动力迁移的比较，分析转轨阶段我国乡城劳动力迁移的特征，揭示其特殊性。同时，着眼于现实情况，以历年统计数据为基础，分析我国乡城劳动力迁移的现状、类型，以及农村人力资本积累不足、提升不够的现状。

第 5 章，着眼于我国乡城劳动力迁移的特殊性以及农村劳动力整体文化素质和技能水平提升不足的现状，利用现有的统计数据，对我国的乡城劳动力迁移与农村人力资本积累的具体关系进行实证检验，指出在转轨阶段，我国的乡城劳动力迁移对农村人力资本提升的强相关作用表现得并不明显，前者对后者具有一定的相关作用，但在一定程度上较弱。同时，对这种弱相关性进行了解释，指出当前我国乡城劳动力迁移进程中存在的种种问题和障碍在很大程度上限制了乡城劳动力迁移对农村人力资本提升强相关作用的发挥。

第 6 章，从影响迁移决策的微观机制理论、影响乡城劳动力迁移有效进行的宏观制度因素和制约农业部门人力资本积累的制度因素 3 个方面，进一步对我国乡城劳动力迁移与农村人力资本提升弱相关性背后的制度根源进行了深入挖掘。

第7章，在上述研究的基础上，分析了构建我国乡城劳动力迁移与农村人力资本提升强相关关系的必要性，探讨了乡城劳动力迁移背景下农村人力资本提升的框架体系。在此基础上，围绕促进我国乡城劳动力迁移与农村人力资本提升由弱相关向强相关转化的公共政策体系和制度环境建设进行了深入研究。

第8章，本书的结论及展望部分。总结了本书的重要结论，并对进一步的研究方向进行了展望。

关键词：乡城劳动力迁移　乡城迁移劳动力　人力资本　农村人力资本积累

Abstract

During the period of economic transition in China, a large amount of rural labor force is migrating to the urban area with the acceleration of the urbanization process. They move from the agricultural sector to the non – agricultural sector, from less developed regions to the more developed areas with higher level of economic development. The classic theory of development economics tells us that since the technological disparities exist between the agricultural and non – agricultural sectors, the reallocation of labor between the two departments is necessary to eliminate the urban – rural dual economic structure and to achieve the modernization of agriculture and the prosperity of the rural area. Hence, the rural – urban migration is one of the greatest social changes facing China in the 21st century.

The Classic theory of labor migration tells us that, when considering the differences in the levels of human capital endowment, the coincidence between the scarcity point of agricultural products and the commercialization point will be delayed, and the wage gap between the agricultural sector and industrial sector will be even greater. As a result, the process of agricultural modernization will be extended. At this point, the rising of human capital level is an important determinant for the sustainable development of the agricultural sector. The continuous development in agriculture requires not only the formation mechanism of the higher level of technological advances in agriculture, which adapts the high – human capital labor's outflow, but also the growth rate of per capita human capital investment higher than the decline rate in the per capita human capital generated by the high – human capital labor's outflow to the industrial sector.

However, the unique national situations and institutional environment in China determine that China's rural – urban migration follows a specific path with "Chinese characteristics". With the ongoing rural – urban migration in China, the overall cultivations and skills for either the labor force staying in the agricultural sector or rural – urban migration groups have had some increase, but not of a great magnitude. The overall human capital investment is still not enough in the rural area, and there hasn't been a "qualitative leap" in the human capital accumulation. At the same time, for those labor force who stays in the rural area, their human capital structure has shown "aging", "women and children left behind" and some other deteriorating trends.

This raises the question that what kind of impact that China's rural – urban migration may have on the human capital accumulation in rural areas? Will this change in the human capital structure affect its agricultural modernization and rural area's development in the long run?

This book focuses on the rural – urban migration and its relationship with the human capital accumulation in rural areas. We concern about the important role that human capital accumulation in rural areas has on the long – run development of agricultural sector and the urbanization process. With the empirical analysis, we study the specific relationship between rural – urban migration and rural human capital accumulation. It demonstrates that this relationship is different from the general "*strong correlation*" between them and has the "*weak correlation*" feature. From this, we point out that the "strong correlation" between rural – urban migration and the rise of rural human capital has not fully exhibited yet, but has been delayed. Based on this, we further explore institutional factors that have caused this "weak correlation" and policies to build up the "strong correlation" between rural – urban migration and the rise of rural human capital in China.

The analyzing perspectives in this book include micro and macro analysis, the longitudinal developing history and the horizontal home and abroad comparisons, etc. The primary empirical study methodology is time series analysis, including the cointegration analysis, the vector error correction model (VECM), the impulse response analysis and so on. The chapter structure follows the line of theoretical analysis, statistical descriptions and empirical tests, and then the institutional analysis and the policy system design. The paper is divided into eight chapters, and each chapter is described as follows:

Chapter 1, the introduction section. It points out the study background, the meaning of topics and related concepts' definition. At the same time, it generally introduces the analytical framework, research methodologies, the innovation of this paper and difficulties that may be encountered.

Chapter 2, the literature review. First, it reviews the classic theoretical model of rural – urban migration and the latest development in this field; Secondly, it summarizes the basic conclusions of human capital theory and human capital empirical study; Thirdly, it briefly describes the domestic and foreign study on the impact of labor migration on the source region's human capital accumulation.

Chapter 3, based on the theoretical model of classic rural urban migration, it theoretically analyzes the general relationship between rural – urban migration and the accumulation of human capital in rural areas. It points out that when the probability of migration is in a certain range, the rural – urban migration has a positive "strong" effect on the rise of human capital in rural areas. Some practical evidences from western countries are also used for the demonstration. From these analyses, under the rural – urban migration's "*strong correlation*" effect, the human capital accumulation in the agricultural sector is a dynamic process. In the long run, the promotion effect from the continuous human capital investment in the agricultural sector can offset or outweigh the loss of human capital effect from the labor force's outflow. This process can gradually raise the overall knowledge and skill levels of the agricultural labor force and enhance the agricultural sector's human capital accumulation, which is essential to the further development of the agricultural sector.

Chapter 4, it reviews the development history of rural – urban migration in China since its reform and opening up and compares it with rural – urban migration experiences in some western countries. Based on these, it analyzes the characteristics of China's rural – urban migration in the economic transition and reveals its particularity. Then based on the real statistics, it analyzes current situations and types of China's rural – urban migration, as well as demonstrates the current lack of human capital accumulation in rural areas.

Chapter 5, based on the particularity of rural – urban migration in China and the inadequate improvement in the rural labor force's overall skill and quality, we empirically test the specific relationship of the rural – urban migration in China and rural human capital accumulation with the statistical data. It shows that the "strong correlation" effect of China's rural – urban migration on the rise of rural human capital is not obvious. The former has a certain role on the latter, but it is "weak". Then we explain this "*weak correlation*" characteristic. With many problems and obstacles existent in the process of rural – urban migration in China, it limits the role of the "strong correlation" effect from the rural – urban migration on the rise of human capital in rural areas.

Chapter 6, it explores the institutional sources behind the "*weak correlation*" characteristic between the rural – urban migration and the rise of human capital in rural area. The analysis is from three perspectives: the microscopic mechanism of the migration decision theory, the macroscopic institutional factors that affect the effective rural – urban migration and the institutional factors that restrict the human capital accumulation in the agricultural sector.

Chapter 7, based on the above study, it analyzes the necessity of building the "*strong correlation*" between the rural – urban migration and the rural human capital accumulation in China. It also discusses a framework to enhance the rise of rural human capital under the rural – urban migration. Then we explore suggestions to build an effective system of public policy and institutional environment, in the goal of transforming the relationship between China's rural – labor migration and the rising of rural human capital from the "weak correlation" to the "strong correlation".

Chapter 8, conclusions and the future work. It summarizes the important conclusions of this paper and some further research directions.

Keywords：Rural – urban Migration；Rural – urban Migration Labor；Human Capital；Human Capital Accumulation in Rural Area

目　录

第1章　绪论 ………………………………………………… 1

第一节　问题的提出 …………………………………………… 1

　一　选题背景 ………………………………………………… 1

　二　研究意义 ………………………………………………… 4

第二节　研究对象和概念的界定 ……………………………… 7

　一　主要研究对象 …………………………………………… 7

　二　主要概念界定 …………………………………………… 8

第三节　研究思路、框架和研究方法、数据 ………………… 11

　一　研究思路和框架 ………………………………………… 11

　二　研究方法和数据 ………………………………………… 15

第四节　创新与不足 …………………………………………… 16

　一　主要创新之处 …………………………………………… 16

　二　不足之处 ………………………………………………… 17

第2章　理论综述 ……………………………………………… 19

第一节　乡城劳动力迁移理论与模型 ………………………… 19

　一　经典的乡城劳动力迁移模型 …………………………… 19

　二　劳动力迁移理论的研究特点 …………………………… 26

第二节　人力资本理论的基本观点与实证研究结论 ………… 28

一　人力资本理论的基本观点 ························· 28

二　人力资本的内涵 ····························· 32

三　人力资本实证分析的一般结论 ··················· 34

第三节　关于劳动力迁移对迁出地人力资本影响的研究综述 ··· 36

一　国外关于劳动力迁移对迁出地影响的研究 ············ 36

二　国内关于劳动力迁移对迁出地影响的研究 ············ 39

第3章　乡城劳动力迁移与农村人力资本提升的强相关关系 ······ 42

第一节　考虑人力资本要素的农业部门现代化进程 ········· 42

一　农业经济阶段 ····························· 43

二　二元经济阶段 ····························· 44

三　成熟市场经济阶段 ························· 44

第二节　对乡城劳动力迁移与农村人力资本积累一般关系的
　　　　分析 ······························· 48

第三节　乡城劳动力迁移与农村人力资本积累一般关系的实践
　　　　证据 ······························· 54

第四节　理论分析基础上的结论性启示 ··············· 60

一　乡城劳动力迁移下的农村人力资本提升过程 ··········· 60

二　乡城劳动力迁移、农村人力资本提升与农业的进一步
　　发展 ································· 62

第4章　我国乡城劳动力迁移的特殊路径与农村人力资本
　　　　现状 ································· 65

第一节　改革开放以来我国乡城劳动力迁移的历史阶段 ······ 65

一　农村改革背景下"离土不离乡"迁移模式的发展
　　（20世纪70年代末至20世纪80年代末） ········· 65

二　城市改革背景下"离土又离乡"迁移模式的发展

　　（20世纪90年代初至20世纪90年代末） ………… 68

三　城乡统筹改革背景下的乡城劳动力迁移（2002年以来）…… 71

第二节　我国乡城劳动力迁移的特征 ……………………… 73

　　一　与国外乡城劳动力迁移的比较 ………………… 73

　　二　20世纪80年代我国乡城劳动力迁移的特点 ……… 78

　　三　20世纪90年代以来我国乡城劳动力迁移的特征 …… 80

第三节　我国乡城劳动力迁移的现状及农村人力资本现状 …… 92

　　一　我国乡城劳动力迁移的现状 ………………… 92

　　二　乡城劳动力迁移背景下的农村人力资本现状 ……… 94

第5章　我国乡城劳动力迁移与农村人力资本提升的

　　　　弱相关性 …………………………………… 108

第一节　对我国乡城劳动力迁移与农村人力资本积累关系的

　　　　实证检验 …………………………………… 109

　　一　乡城劳动力迁移与农村人力资本存量水平的

　　　　弱相关性 ………………………………… 112

　　二　乡城劳动力迁移与农村人力资本投资的关系 ……… 129

第二节　我国乡城劳动力迁移与农村人力资本提升弱相关性的

　　　　解释 …………………………………… 144

　　一　滞留劳动力的人力资本结构恶化问题 …………… 144

　　二　乡城迁移劳动力就业的非正规化问题 …………… 148

　　三　乡城迁移劳动力的身份问题 ………………… 150

　　四　劳动力转移陷阱 …………………………… 152

第三节　结论性的启示 ……………………………… 154

第6章 我国乡城劳动力迁移与农村人力资本提升弱相关性的

制度根源 ………………………………………………… 156

第一节 影响乡城劳动力迁移决策的微观机制理论分析 …… 157

一 家庭决策与乡城劳动力迁移 ………………………… 157

二 社区发展与乡城劳动力迁移 ………………………… 159

第二节 影响乡城劳动力迁移有效进行的宏观制度因素

分析 ……………………………………………… 160

一 制度变迁与乡城劳动力迁移 ………………………… 160

二 户籍制度的影响 ……………………………………… 162

三 劳动力市场制度性分割的影响 ……………………… 163

四 制度性歧视的影响 …………………………………… 166

第三节 制约乡城劳动力迁移背景下农村人力资本积累的制度

因素分析 ………………………………………… 168

一 农村教育体制问题 …………………………………… 169

二 农村医疗卫生制度问题 ……………………………… 171

三 农村职业培训制度问题 ……………………………… 173

第7章 构建我国乡城劳动力迁移与农村人力资本提升强相关

关系的制度对策 ……………………………………… 175

第一节 构建我国乡城劳动力迁移与农村人力资本提升强相关

关系的必要性 …………………………………… 176

第二节 推动乡城劳动力迁移背景下农村人力资本提升的框架

体系 ……………………………………………… 177

第三节 促进我国乡城劳动力迁移与农村人力资本提升由弱

相关向强相关转化的制度对策 ………………… 180

一 由粗放型的发展方式向人力资本驱动型的发展方式
转变 ·········· 180

二 构建促进农村人力资本内生和健康发展的制度体系 ··· 182

三 构建保障乡城迁移劳动力人力资本投资回报的制度体系 ··· 189

四 构建促进乡城迁移劳动力在非农业部门就业的社会服务和
权益保障体系 ·········· 193

第8章 结论及进一步研究的方向 ·········· 195

第一节 主要结论 ·········· 195

第二节 进一步研究的方向 ·········· 198

参考文献 ·········· 200

致 谢 ·········· 212

Table of Contents

Chapter 1 Introduction ·· 1

1. 1 To Put Forward the Research Question ····················· 1

1. 1. 1 The Background ······································· 1

1. 1. 2 The Significance ···································· 4

1. 2 The Study Object and Definition of Concepts ············· 7

1. 2. 1 The Primary Study Object ························ 7

1. 2. 2 Definition of Concepts ·························· 8

1. 3 The Research Framework, Methods and Data ········· 11

1. 3. 1 The Research Framework ······················ 11

1. 3. 2 Methods and Data ····························· 15

1. 4 Contributions and Limitations ······················· 16

1. 4. 1 Primary Contributions ························ 16

1. 4. 2 Limitations ··································· 17

Chapter 2 Literature Review ································ 19

2. 1 Rural – Urban Migration Theories and Models ············ 19

2. 1. 1 Classical Rural – Urban Migration Models ··············· 19

2. 1. 2 Characteristics of Migration Theoretical Research ····· 26

2. 2 Basic Views of Human Capital Theory and Empirical

Research Conclusions ····························· 28

2. 2. 1   Basic Views of Human Capital Theory ·················· 28

2. 2. 2   Meaning of Human Capital ························· 32

2. 2. 3   General Conclusions of Human Capital Empirical Analysis ··· 34

2. 3   Literature Reviews on the Effect of Migration on the Human
Capital in the Source Region ························· 36

2. 3. 1   Foreign Studies on the Effect of Migration on Source
Region's Human Capital ····························· 36

2. 3. 2   Chinese Studies on the Effect of Migration on Source
Region's Human Capital ····························· 39

Chapter 3   The "Strong Correlation" Effect of Rural – Urban
Migration on the Rise of Rural Human Capital ······· 42

3. 1   The Agricultural Sector's Modernization Process Considering
the Human Capital Factor ························· 42

3. 1. 1   Agricultural Economic Stage ······················· 43

3. 1. 2   Dual Economic Stage ························· 44

3. 1. 3   Mature Market Economic Stage ····················· 44

3. 2   The Analysis on the General Relationship between
Rural – Urban Migration and Rural Human Capital
Accumulation ····································· 48

3. 3   Practical Evidences on the General Relationship between
Rural – Urban Migration and Rural Human Capital
Accumulation ····································· 54

3. 4   Conclusions based on Theoretical Analysis ·············· 60

3. 4. 1   The Rural Human Capital Enhancement Process under
Rural – Urban Migration ·························· 60

3.4.2　Rural – Urban Migration, Rural Human Capital Enhancement

and Agricultural Sector's Further Development　………62

Chapter 4　China's Special Path of Rural – Urban Migration and

Current Situations of Rural Human Capital in China　…65

4.1　Historical Stages of Rural – Urban Migration since China's

Reform and Opening up　……………………………………65

4.1.1　The Migration Pattern of "Leaving Farmland but not One's

Hometown" in the Rural Reform Background (1970's –

1980's)　………………………………………………65

4.1.2　The Migration Pattern of "Leaving the Homeland and

Giving up Lands" in the Urban Reform Background

(the Beginning of 1990's – the End of 1990's)　……68

4.1.3　Rural – Urban Migration under the Coordinate Reform in

the Urban and Rural Area (since 2002)　……………71

4.2　Characteristics of Rural – Urban Migration in China　…73

4.2.1　In Comparison with Rural – Urban Migration in Foreign

Countries　……………………………………………73

4.2.2　Characteristics of China's Rural – Urban Migration in

1980's　………………………………………………78

4.2.3　Features of China's Rural – Urban Migration since 1990's　…80

4.3　Status Quo of Rural – Urban Migration and Rural Human

Capital in China　……………………………………………92

4.3.1　Current Situation of Rural – Urban Migration in China……92

4.3.2　Status Quo of Rural Human Capital under Rural – Urban

Migration　……………………………………………94

**Chapter 5 The "Weak Correlation" between China's Rural –
Urban Migration and Rural Human Capital
Enhancement in China** ································· 108

5. 1 The Empirical Test on the Relationship between Rural –
Urban Migration and Rural Human Capital Accumulation
in China ··· 109

5. 1. 1 The "Weak Correlation" between Rural – Urban Migration
and Stock of Rural Human Capital ···················· 112

5. 1. 2 The Relationship between Rural – Urban Migration and
Rural Human Capital Investment ···················· 129

5. 2 Explanations on the "Weak Correlation" between Rural –
Urban Migration and Rural Human Capital Enhancement
in China ··· 144

5. 2. 1 The Deterioration of the Left – over Labor Force
Human Capital Structure ···························· 144

5. 2. 2 The Irregular Employment of Rural – urban Migrant
Labor ·· 148

5. 2. 3 The Identity Problem of Rural – urban Migrant Labor ······ 150

5. 2. 4 The Trap of Labor Force Transfer ·················· 152

5. 3 Implications and Conclusions ···························· 154

**Chapter 6 Institutional Causes of the "Weak Correlation"
between China's Rural – Urban Migration and
Rural Human Capital Enhancement** ················· 156

6. 1 Analysis of Micromechanism that Affects Rural – Urban
Migration Decision ···································· 157

6. 1. 1　The Household Decision Making and Rural – Urban
　　　　　Migration ……………………………………………… 157

6. 1. 2　Community Development and Rural – Urban
　　　　　Migration ……………………………………………… 159

6. 2　Analysis of Macroscopic Institutional Factors that
　　　Affects the Development of Rural – Urban Migration
　　　in　China ………………………………………………… 160

6. 2. 1　Institutional Changes and Rural – Urban Migration … 160

6. 2. 2　Influences of the Household Registration System …… 162

6. 2. 3　Influences of Structural Devisions in Labor Market … 163

6. 2. 4　Influences of Systematic Discriminations …………… 166

6. 3　Institutional Factors that Restrict the Rural Human Capital
　　　Accumulation under Rural – Urban Migration ………… 168

6. 3. 1　Problems in the Rural Educational System …………… 169

6. 3. 2　Problems in the Rural Medical and Health System … 171

6. 3. 3　Problems in the Rural Vocational and Technical Training
　　　　　System ………………………………………………… 173

Chapter 7　Counter Measures for Building the "Strong Correlation"
　　　　　　between China's Rural – Urban Migration and Rural
　　　　　　Human Capital Enhancement in China …………… 175

7. 1　Necessities of Building the "Strong Correlation" between
　　　Rural – Urban Migration and Rural Human Capital
　　　Enhancement in China ………………………………… 176

7. 2　A Mechanism to Enhance Rural Human Capital under
　　　Rural – Urban Migration ……………………………… 177

7. 3   Counter Measures to Promote the Transformation of "Weak
        Correlation" into "Strong Correlation" between Rural –
        Urban Migration and Rural Human Capital
        Enhancement ··· 180

    7. 3. 1   From the Extensive Mode of Development to Human
               Capital Driven Mode of Development ················· 180

    7. 3. 2   Building the Mechanism that Helps the Breeding and
               Healthy Growth of Rural Human Capital ·············· 182

    7. 3. 3   Building the Mechanism that Ensures the Return of
               Investment for Rural – Urban Migrant's Human
               Capital ··· 189

    7. 3. 4   Building Social Service System and Interest and Right
               Protection System that Increase Rural – Urban Migrants'
               Employment in Non – Agricultural Sectors ············ 193

Chapter 8   Conclusions and Further Research Directions ······ 195

8. 1   Conclusions and Discussions ························· 195

8. 2   Further Research Directions ························· 198

Bibliography ·· 200

Acknowledgment ··· 212

第1章　绪论

第一节　问题的提出

一　选题背景

工业化和城市化的发展进程表明，现代化的进程不仅对应着经济结构的转变，同时对应着由传统的以农业就业为主向现代的以非农就业为主的就业形态的转变。而劳动力由农村迁往城市，就是这一过程的具体体现。

在我国经济体制转轨过程中，随着城市化进程的不断加快，大量劳动力从农村迁往城市，从农业部门转移到非农业部门，从不发达地区流向经济发展水平较高的发达地区。根据第五次全国人口普查的数据，我国在2000年的总迁移人口就已达1.44亿人，其中，省内迁移人口约为0.972亿人，跨省迁移人口约为0.339亿人。在省内迁移的人口中，由农村向城市的迁移约占52%；在跨省迁移人口中，农村向城市的迁移约占78%。①

根据2010年第六次全国人口普查的数据，我国大陆31个省、自治区、直辖市的人口中，全国总迁移人口（在统计资料中，"迁移人口"指居住地与户口登记地所在的乡、镇、街道不一致且离开户

---

① 蔡昉、都阳、王美艳：《劳动力流动的政治经济学》，上海三联书店，2003，第9页。

口登记地半年以上的人口）约为 2.614 亿人，其中，市辖区内人户分离的人口约为 0.3996 亿人，不包括市辖区内人户分离的人口约为 2.214 亿人。同 2000 年第五次全国人口普查相比，全国总迁移人口增长了 81.53%。

经典的发展经济学理论告诉我们，农业部门与非农业部门之间存在着技术差异，因此，要实现农业现代化，消除城乡二元经济结构，劳动力在这两个部门间进行再配置是一条必经之路，同时，两部门劳动生产率的大体趋同也是乡城劳动力迁移过程完成的必要条件。统计数据显示，2009 年，城镇居民家庭人均可支配收入为 17174.7 元，农村居民家庭人均纯收入为 5153.2 元，前者是后者的 3.33 倍；而 2005～2008 年的相应数据分别为 3.22 倍、3.28 倍、3.33 倍、3.315 倍。① 由此可见，目前，我国城乡居民的收入差距依然显著，我国的乡城劳动力迁移进程仍将继续，而这无疑也是我国在 21 世纪面临的重大社会变迁之一。

当前，随着转轨阶段改革开放的深入，学术界已经结合经济学、社会学等领域的相关理论，对我国乡城劳动力迁移以及与之相关的城市化问题给予了关注，并取得了丰硕的成果。尽管如此，从乡城劳动力迁移本身探讨其对农村人力资本积累的影响，并展开深入系统的分析和阐释的文献并不多。

人力资本主要是指体现在个人即劳动者个体上的资本，这种资本的形成需要对人本身进行投资，如对教育、健康、培训等的投资，这些都是形成人力资本的主要因素。人力资本的内涵主要强调以下两方面：第一，对人力资本的投资，从长期来看，其收益要远远超过对物质资本的投资收益；第二，人本身所具有的技能和知识，是

① 根据《中国统计年鉴》相应年份数据计算。

一种极为重要的资源。

二战后,以人力资本的形成和积累为出发点,很多西方经济学家将研究目光转向了发展中国家的经济发展、农村劳动力迁移等领域。其中,以舒尔茨为代表的许多学者认为,在为欠发达国家提供的援助计划中,对厂房、机器设备等物质资本的投入固然重要,对人力资本的投入则更为关键。这不仅能够大幅提高生产率,提升劳动力的技能和素质,带动经济起飞,还是缩小贫富差距和消除不平等问题的一剂良方。

作为一个拥有近 8 亿农民的发展中国家,我国不仅存在许多经济转型阶段的共性问题,如城市化问题,地区发展不平衡问题,劳动力由传统农业部门向非农部门转移的问题,人力资本的投入、形成和积累问题,转型时期的经济社会协调发展问题等,同时,我国的转轨进程也具有自身的独特性。在改革开放前,我国实行计划经济体制,对城市人口严格控制,在制度设计上对城市、乡村实行严格分离,尤其是实行以户籍制度为代表的制度体系,这进一步推动了我国城乡二元经济格局的形成,造成了我国城市化水平偏低、农业普遍落后于工业的局面,这些制度因素也一直影响着经济协调发展和劳动力有效迁移的进程。农业劳动力难以顺畅地在城市就业、生活,农村劳动力迁移具有动态性和不稳定性,对农村地区的人力资本积累产生了影响。因此,对我国乡城劳动力迁移问题进行研究,不仅要考虑发展中国家转型阶段的共性问题,更要考虑植根于我国独特的制度环境和背景的乡城劳动力迁移的特殊性。

本书从乡城劳动力迁移入手,结合我国独特的制度环境以及乡城劳动力迁移的特殊路径,沿着乡城劳动力迁移对农村地区人力资本积累的影响这条主线,同时结合经济学、社会学等领域的研究理论和方法，对乡城劳动力迁移以及如何合理有效地推进乡城劳动力迁移等问题进行深入研究，指出这些问题的症结，提出有效的政策建议，这是本书的主要研究目的。

二 研究意义

在我国的城市化进程中，农村劳动力由农村向城市的迁移，作为转轨阶段一个独特而鲜明的经济现象，已经引起学术界的越来越多重视，并引发了一系列关于这一问题的研究。其中的一个研究重点是，迁移的决定因素有哪些，如何合理有效地推进迁移的进行？通过大量对迁移者个体特征及迁移行为的相关性检验，研究者逐渐发现，劳动者的受教育程度，对于劳动者迁移行为的发生显得格外重要。例如，赵耀辉1997年的研究表明，高中文化程度的劳动力外出的概率比未受过正规教育的农村劳动力高出21个百分点，比初中文化程度的劳动力高出11个百分点。根据李实2003年的调查数据分析，1995年，高中文化程度的劳动力在非农部门获得就业机会的概率要比文盲高出近20个百分点。由此可见，受教育程度与农村劳动力迁移到非农业部门的概率正相关。其背后的经济学内涵是，在两部门经济结构下，农业部门与非农业部门存在着技术差异，这样，较高的受教育程度和知识技能水平就成为农业劳动力实现向非农业部门迁移的必要条件。基于此，雇主在雇用员工时，常常把受教育程度作为高人力资本水平员工的识别标准。同时，迁移中所面临的成本一般与劳动者的受教育程度负相关。① 另外，发达地区通过设置户籍、技术水平、受教育程度等方面的门槛，进一步对迁移劳动力

---

① 根据赵耀辉1997年的研究，从教育中获得的知识和技能"有助于劳动者克服离开家乡、来到陌生的地方和工作环境时所面临的一系列能力和心理上的障碍"。

进行筛选。

由此可见，具有较高人力资本水平的迁移者由农业部门转移到非农业部门，而迁移者进一步受到非农业部门自身进入条件的筛选，这就对迁移劳动力的健康状况、受教育程度、专业技能等提出了更高的要求，使得我国农村劳动力的迁移呈现一定的人力资本选择性特点。同时，随着迁移的进行，无论是农业劳动力还是乡城迁移劳动力群体，其整体文化素质和技能水平虽有所提高，但幅度并不大，还没有出现"质的飞跃"，至于留守在农村的劳动力，其人力资本结构呈现如下变化趋势。

1. 老龄化趋势

Alan De Brauw 等的调查分析表明，2000 年，"21～30 岁人群在非农业部门就业的参与率比 1990 年的相应年龄人群提高了一倍，16～20 岁的劳动力在非农业部门就业的参与率则比 1990 年的相应年龄人群提高了两倍多；虽然年龄较大的人群在非农业部门的就业参与率也有所上升，但其参与率仍然很低"。[1]

随着教育的发展，年龄越高者的受教育程度往往越低。根据《中国劳动统计年鉴》的数据，2009 年，30 岁以下劳动力的文盲率低于 0.9%，50 岁以上劳动力的文盲率则在 6.6% 到 29% 之间，而接受高中教育的比例，前者在 14.1% 到 19.2% 之间，后者则低于 12.5%，接受大专及以上学历教育的比例，30 岁以下年轻劳动力在 1% 到 8.8% 之间，50 岁以上劳动力则在 0.3% 到 3% 之间。[2] 因此，

---

[1] Alan De Brauw, et al., "The Evolution of China's Rural Labor Markets During the Reforms," *Journal of Comparative Economics*, 30 (2), 2002, pp. 329 – 353.

[2] 国家统计局人口和就业统计司、劳动和社会保障部规划财务司：《中国劳动统计年鉴 2010》，中国统计出版社，2010。

随着劳动力受教育程度的提高，年轻劳动力所占的比重越来越高，而年长者所占的比重则呈下降趋势。由此，留守人口老龄化可能意味着农村滞留劳动力平均受教育程度的降低。

2. 女性留守

调查数据表明，2004 年，农村外出就业的男性劳动力占全部外出就业人数的 70.1%。[1]

从我国的教育现状来看，总体上，男性的受教育程度仍然高于女性。根据《中国统计年鉴 2010》的数据，2009 年，在初中、高中和大专及以上 3 个层次的教育中，男性所占的比例分别高于女性 7.38 个百分点、12.62 个百分点和 11.01 个百分点，而在 15 岁及以上人口中，女性文盲人口所占的比重高达 10.45%，是男性的 2.78 倍。[2]

综上所述，农村未迁移人口的老龄化和女性留守趋势，意味着留守劳动力的平均受教育程度和人力资本水平可能存在下降趋势。根据《中国农村住户调查年鉴 2010》对乡城迁移劳动力的解释，乡城迁移劳动力包括就地转移的劳动力（在本乡镇地域内实现非农就业的劳动力）以及异地转移的劳动力（转移到本乡镇地域以外实现非农就业的劳动力）。根据《中国农村住户调查年鉴 2010》的数据计算，2009 年，我国农村劳动力的平均受教育年数约为 8.438 年[3]，异地转移劳动力的平均受教育年数为 13.136

---

① 郭剑雄等：《选择性迁移与农村劳动力的人力资本深化》，《人文杂志》2008 年第 4 期。

② 国家统计局：《中国统计年鉴 2010》，中国统计出版社，2010。

③ 该计算结果由各层次教育年数乘以相应权重，再加总而得。其中，"不识字或识字很少"教育年数以 1 年计；"中专程度"和"大专及大专以上"合以 15 年计。参见国家统计局农村社会经济调查司：《中国农村住户调查年鉴 2010》表 2 - 2，中国统计出版社，2010。

年①，而未迁移劳动力的平均受教育年数仅为 5.63 年②。

基于以上分析，我国的乡城劳动力迁移究竟会对农村的人力资本积累产生何种影响？而农村人力资本结构的变化是否会影响农业和农村的长远发展，以及我国农业现代化进程的推进？

本书从人力资本角度出发，选择我国二元经济发展过程中的乡城劳动力迁移、农村的人力资本积累作为研究对象，运用国民经济学、劳动力迁移等理论，同时吸收发展经济学、计量经济学、微观经济模型的分析方法，详细分析我国城市化进程中乡城劳动力迁移的特殊性和迁移进程中的特殊问题，并研究其对农村人力资本积累的影响，从理论和实证、历史和现状等多个角度，全面论证乡城劳动力迁移和农村人力资本投资、形成、积累的互动关系，进而探讨新时期下推动乡城劳动力合理有效迁移，促进农村人力资本积累，以及推进乡城劳动力迁移与农村人力资本提升由弱相关向强相关转化的根本路径和政策选择，这对于转轨阶段正处于城市化进程中的我国具有重要的理论和现实意义。

第二节 研究对象和概念的界定

一 主要研究对象

本书以我国转轨阶段的城市化进程为背景，以劳动力迁移模型和

---

① 外出务工劳动力的平均受教育年数与农村劳动力的平均受教育年数的计算方法相同。外出务工劳动力的受教育程度构成数据来自《中国农村住户调查年鉴 2010》综述。

② 未迁移劳动力的平均受教育年数 =（农村劳动力平均受教育年数 − 迁移劳动力平均受教育年数×迁移劳动力比重）/未迁移劳动力比重。这里，由于就地转移劳动力平均受教育年数这一数据缺失，故用外出劳动力的平均受教育年数来大体代表全部农村迁移劳动力的受教育年数。

人力资本理论为基础，研究乡城劳动力迁移对农村人力资本积累的影响。本书所研究的乡城劳动力迁移特指农村劳动力由农村地区向城市的迁移，而不包括劳动力由城市向农村的迁移。而农村的人力资本积累则指迁移劳动力的来源地（农村地区）的人力资本积累水平，可以从劳动力迁移到城市后所造成的农村人力资本水平降低和迁移出的劳动力回流到家乡后所带来的人力资本水平提高两方面来考虑。

二　主要概念界定

1. 劳动力迁移

劳动力迁移一般包括自愿迁移和非自愿迁移两类。非自愿迁移通常是指违背自身利益而被迫进行的迁移，如由战争、自然灾害、政治因素等导致的迁移。而自愿迁移，则是指在和平时期，人们从满足自身需求和偏好出发，为了改善自己的经济状况或地位而自由进行的迁移。本书所研究的劳动力迁移指的是自愿迁移。

劳动力迁移是指劳动力发生地域性的转移，它通常是基于一定的动因，而这种动因经常与个人或家庭移居到一个新的地方能够带来生活水平的改善相关。本书研究的主要是以下两种迁移。

（1）由农业部门向非农业部门的迁移。随着一国工业化的发展，农业技术也在不断进步。农业部门的技术进步大大降低和减少了农业劳动力的工作强度和工作时间，导致农业劳动力逐渐出现过剩。而工业部门较高的劳动生产率和较高的工资率，则吸引了大量农业劳动力向工业部门尤其是向城市非农业部门转移。这是城市化进程中的突出现象。

（2）地区收入差异引起的迁移。一国地区生产力水平和经济发展的不平衡，带来了劳动力实际收入水平的差异，这种实际收入的差异可以通过迁移得到调节。由于劳动者具有异质性，不同主体在获取其他地区较好工作机会的能力上，在对自身能力的估计上，在对失业风险的处理上，以及在对迁移成本的合理预期等方面，均有所不同。教育是增强劳动力在获取信息、评估自身、预期风险和衡量成本等方面能力的一种有效途径。所以，具有较高受教育程度的劳动者一生在不同地区的收入差别较小。

在一个经济快速增长、人口相对庞大的经济体中，无论从微观层面还是从宏观层面看，劳动力迁移都是十分重要的。在微观上，个体对更好的经济状况和经济地位的追求，使得个人和家庭都获得了更多的收益，因此，个体的迁移权是一种相当宝贵的权利；而在宏观上，这是提高经济体制运行效率的一个基础，在此过程中，人们的生活质量和满足感都得到了提升。

2. 乡城劳动力迁移和乡城迁移劳动力

在本书中，农业劳动力离开农业部门，来到非农业部门从事生产活动的整个动态过程或结果，就是乡城劳动力迁移。在这一过程中，乡城迁移劳动力，就是指离开农业部门，由主要从事农业部门生产转向主要从事非农业部门工作的农业劳动力。实际上，从我国乡城劳动力迁移的具体过程来看，对农业劳动力和迁移劳动力进行严格区分是较为困难的，然而，在理论研究和政策实施的过程中，对这一问题进行具体判定仍然十分必要。

根据国家统计局的标准，"凡是在一年之内从事非农业劳动累计时间达到 6 个月以上的农村劳动力就被划分为乡城迁移劳动力，而在一年之内只从事农业的劳动力和从事非农业劳动累计时间不足 6 个月的农村劳动力均被列为农村未转移劳动力，作为乡村农业劳动力进行统计"。①

---

① 王萍：《国外农村劳动力乡城转移理论研究综述》，《大连海事大学学报》（社会科学版）2007 年第 6 期；王萍：《中国农村剩余劳动力乡城转移问题研究》，东北财经大学学位论文，2006。

这一划分方法虽不够完善，但仍被广泛采用。本书对乡城劳动力迁移的具体阐述和统计分析，是以国家统计局的数据为基础的，因此，本书关于乡城迁移劳动力概念的解释与国家统计局的统计标准是一致的。

此外，由于婚姻关系、参军或考取高等院校而发生的居住地变化，都不应视为乡城迁移劳动力。

3. 乡城劳动力的迁移和流动

在本书中，乡城劳动力的"迁移"和"流动"是两个相互区别的概念。

"迁移"不仅包括地域上的转移，更强调工作职业的转换。因此，"乡城劳动力迁移"侧重于表明，农村劳动力由主要在农业部门进行生产活动转变为主要在非农业部门就业。然而，这种工作职业的转变，并不一定要以离开家乡、去往异地为前提。

相反，"流动"是指劳动者为了获得职业上的转换或从事新的工作，而离开家乡、去往异地的行为，它更强调地域上的转移。因此，在本书中，"流动"不仅包括农村劳动者改变其户口所在地，"永久"性地迁往异地的行为，还包括不改变其户口所在地而"临时"性地迁往异地的行为，同时也包括农村劳动者在异地工作后回到家乡的行为。已有研究表明，目前，我国的农村劳动力流动大部分属于不改变户口所在地的"临时性迁移"。①

4. 人力资本

如前文所述，人力资本是通过对人力进行投资而形成的资本。

---

① 刘秀梅：《我国农村劳动力转移及其经济效应研究》，中国农业大学博士学位论文，2004；王萍：《中国农村剩余劳动力乡城转移问题研究》，东北财经大学博士学位论文，2006。

它是附着在人身上的一种禀赋，同时，它又是一种资本，能够为将来生产力和收入的提升带来源源不断的动力。对人力资本的投资具有多种形式，体现在学校教育、职业技术培训、农业技术推广、岗前培训以及卫生保健、人口迁移等诸多方面。

本书所论述的人力资本，表现在人的受教育程度、智力水平、健康状况、素质和技能水平，以及对生活的乐观程度、对自身权利的认可和满意程度等方面。经济主体通常会对人力资本投资的预期收益和投资成本进行比较，从而决定是否进行或扩大对人力资本的投资。

第三节 研究思路、框架和研究方法、数据

一 研究思路和框架

本书的研究思路如下。第一，回顾关于乡城劳动力迁移的传统理论模型以及人力资本理论的经典理论成果，在经典的二元结构模型基础上，分析其中乡城劳动力迁移的内涵，同时，对关于劳动力迁移对迁移劳动力来源地的人力资本、经济发展的影响的已有文献进行回顾。

第二，在经典乡城劳动力迁移理论模型的基础上，对乡城劳动力迁移及其与农村人力资本积累的一般关系进行理论分析，指出在农村劳动力的迁移概率满足一定范围时，乡城劳动力迁移对农村人力资本提升具有正向的强相关作用。此时，在乡城劳动力迁移的作用下，农业部门的人力资本积累是一个动态的提升过程，这也是农业部门进一步发展的关键。

第三，通过对改革开放以来我国乡城劳动力迁移发展的历史阶

段的回顾，以及与西方国家乡城劳动力迁移的比较，分析转轨阶段我国乡城劳动力迁移的特征，揭示其特殊性。同时，着眼于现实情况，以历年统计数据为基础，分析我国乡城劳动力迁移的现状、类型，以及农村人力资本积累不足、提升不够的现状。

第四，着眼于我国乡城劳动力迁移的特殊性以及农村劳动力整体文化素质和技能水平提升不足的现状，利用现有的统计数据，对我国乡城劳动力迁移与农村人力资本积累的具体关系进行实证检验，指出在转轨阶段，我国乡城劳动力迁移对农村人力资本提升的强相关作用表现得并不明显，前者对后者具有一定的相关作用，但作用比较弱。同时，对这种弱相关性进行了解释，指出当前我国乡城劳动力迁移进程中存在的种种问题和障碍在很大程度上限制了乡城劳动力迁移对农村人力资本提升强相关作用的发挥。

第五，深入挖掘我国乡城劳动力迁移对农村人力资本提升弱相关作用背后的制度根源，指出正是我国乡城劳动力迁移过程中存在的大量制度性障碍，导致了乡城劳动力迁移与农村人力资本提升呈现这种特殊的弱相关性。

第六，在以上研究的基础上，提出促进我国乡城劳动力迁移与农村人力资本提升由弱相关向强相关转化的制度框架和政策建议，即通过深入的制度改革，解决和克服乡城劳动力迁移进程中的种种问题和障碍，引导农村劳动力合理、顺畅、有效地迁移，从而推动农业部门的人力资本投资、形成和积累，使乡城劳动力迁移对农村人力资本提升的强相关作用有效地发挥出来。

本书由8章组成，每章的主要内容如下。

第1章，绪论部分。指出了研究的背景和选题的意义所在，对相关概念的内涵进行了详细界定和梳理。同时，从总体上介绍了本书的分析框架和研究方法，并对本书的创新之处和可能遇到的难点进行了概括。

第 2 章，理论综述部分。回顾了关于乡城劳动力迁移的经典理论模型以及该领域的最新进展，对人力资本理论的基本观点以及人力资本实证研究的结论进行了归纳和论述，对目前国内外学者关于劳动力迁移对来源地人力资本积累影响的研究状况进行了简要评述。

第 3 章，乡城劳动力迁移与农村人力资本提升的强相关关系。这一章首先将人力资本要素纳入已有的二元结构理论模型进行分析，指出在已有的二元结构的劳动力迁移模型中，当考虑人力资本水平的差异时，农业产品稀缺点和市场化点的重合将会延迟，农业部门与工业部门之间的工资差距会更大，农业现代化进程会因此而延长。人力资本水平的提高是农业部门持续发展的重要决定因素。以此为基础，本书借鉴已有研究，对乡城劳动力迁移与农村人力资本积累的一般关系进行了理论分析，指出当农业劳动力的迁移概率满足一定范围时，乡城劳动力迁移与农村人力资本提升具有正向的强相关关系，并通过一些西方国家的实践证据对其进行了论证和说明。由以上分析可以得出，在乡城劳动力迁移对农村人力资本积累的强相关作用下，农业部门的人力资本积累是一个动态的过程。从长期来看，农业部门持续的人力资本投资对其人力资本的提升效应能够抵消或超过其劳动力迁出所带来的人力资本流失效应，从而逐步提高农业劳动力的综合素质以及知识和技能水平等，而这正是农业部门持续发展的关键。

第 4 章，我国乡城劳动力迁移的特殊路径与农村人力资本现状。这一章首先在纵向上回顾了改革开放以来我国乡城劳动力迁移的不同历史发展阶段，将乡城劳动力迁移模式的变迁与我国的制度改革进程紧密联系起来。在此基础上，又在横向上将我国的乡城劳动力迁移与西方国家的乡城劳动力迁移相比较，分析了我国乡城劳动力迁移在不同历史阶段的特征，尤其是 20 世纪 90 年代以来所表现出的六大鲜明特征。由此得出，由于基本国情、历史发展轨迹、经济发展阶段和制度环境不同，我国的乡城劳动力迁移遵循了一条不同于西方国家的特殊路径。之后，这一章对我国乡城劳动力迁移的现状、类型以及我国农村人力资本现状进行了分析，而农村人力资本积累不足、提升不够的现状进一步告诉我们，我国乡城劳动力迁移与农村人力资本提升的具体关系具有不同于西方国家的特殊性。

第 5 章，我国乡城劳动力迁移与农村人力资本提升的弱相关性。这一章在现有统计数据的基础上，对我国乡城劳动力迁移与农村人力资本积累的具体关系进行了实证分析，指出在转轨阶段，我国的乡城劳动力迁移对农村人力资本提升的强相关作用表现得并不明显，前者对后者具有一定的相关作用，但作用比较弱，二者之间具有弱相关性。

第 6 章，我国乡城劳动力迁移与农村人力资本提升弱相关性的制度根源。这一章从影响迁移决策的微观机制理论、影响乡城劳动力迁移有效进行的宏观制度因素和制约农业部门人力资本积累的制度因素 3 个方面，进一步对我国乡城劳动力迁移与农村人力资本提升的弱相关性背后的制度根源进行了深入挖掘。

第 7 章，构建我国乡城劳动力迁移与农村人力资本提升强相关关系的制度对策。在上述研究的基础上，分析了构建我国乡城劳动力迁移与农村人力资本提升强相关关系的必要性，探讨了在乡城劳动力迁移的背景下农村人力资本提升的框架体系。在此基础上，围绕促进我国乡城劳动力迁移与农村人力资本提升由弱相关向强相关转化的公共政策体系和制度环境建设进行了深入研究。

第 8 章，结论及展望部分。总结了本书的重要结论，并对进一步的研究方向进行了展望。

二 研究方法和数据

本书采用的研究方法包括以下几种。

1. 实证分析与理论分析相结合的方法

本书采用规范与实证分析、定性与定量分析相结合的方法。一方面，运用定性或规范性分析，研究我国的乡城劳动力迁移、农村的人力资本水平以及二者的关系。对劳动力迁移、劳动力迁移影响迁出地人力资本积累的已有理论予以评述，尝试建立我国乡城劳动力迁移及其作用下的农村人力资本形成机制的模型，为实证分析奠定理论基础。另一方面，在理论模型分析的基础上，通过大量的资料收集与数据整理工作，以统计数据为依据，运用计量经济学的分析方法，对我国乡城劳动力迁移与农村人力资本积累的关系进行实证检验。

2. 微观分析与宏观分析相结合的方法

在具体分析中，本书将微观分析与宏观分析相结合。宏观上的考察既包括对农村劳动力迁移现状、迁移特点的考察，也包括对农村人力资本积累的总体水平的分析；微观上的分析包括对迁移劳动力社会经济特征的考察，对人力资本投资需求的分析等。

3. 静态分析与动态分析相结合的方法

由于我国的乡城劳动力迁移具有多样性与不确定性的特征，因此在具体的分析中，既要考察一定时间点上的总体水平和结构特征，也要考虑劳动力迁移过程中的动态性、不稳定性，以及随着迁移的进行，农村人力资本水平所发生的变化。

4. 横向与纵向比较相结合的方法

我国乡城劳动力迁移中存在的很多问题具有深刻的制度原因和

历史原因，因此采用纵向分析的方法，从历史和制度设计上找原因，分析目前的问题，能够使问题的分析更加清晰和透彻。此外，本书多处采用了横向比较分析的方法，通过考察许多发达国家在二元经济发展阶段的乡城劳动力迁移问题及曾经走过的路，获得许多宝贵的经验。

本书所用数据的主要来源是：《中国统计年鉴》（历年）、《中国劳动统计年鉴》（历年）、《中国农村住户调查年鉴》（历年）、《中国农村统计年鉴》（历年）、《中国教育经费年鉴》（历年）、《中国卫生年鉴》（历年）、国家统计局的人口普查资料等。关于数据资料的具体描述和使用情况、方法将在相关部分做进一步说明。

第四节　创新与不足

一　主要创新之处

本书的创新之处主要有以下几点。

第一，将人力资本作为影响劳动力迁移的一个因素进行研究，是目前该领域文献中的一个基本思路，但是，关于乡城劳动力迁移对农村人力资本积累影响的研究，则尚未形成一个主流，本书对此问题给予了特别的关注。在分析视角上，本书与关注人力资本要素对乡城劳动力迁移行为影响的已有文献相反，将研究视角转向乡城劳动力迁移对农村人力资本形成和积累的影响，关注农村人力资本积累对农业部门长远发展和推进城乡一体化进程的重要作用，探讨构建我国乡城劳动力迁移与农村人力资本提升强相关关系的制度对策。

第二，结合已有的研究，对农村人力资本的积累水平、人力资本结构进行了较全方位的分析，并将赋予城乡劳动者平等的就业权、居住权、迁移权、教育权、社会参与权、社会保障权、医疗服务权、公共设施权、社会福利权等以及在宏观上建立统一、平等、竞争的人力资本市场等引入制度分析，进一步丰富了人力资本理论，扩展了建立城乡统一的劳动力市场的内涵。

第三，运用时间序列分析中的协整分析、误差修正模型、脉冲响应函数分析等方法，检验了我国乡城劳动力迁移与农村人力资本积累的具体关系，揭示了二者之间不同于一般强相关关系的弱相关性，指出在转轨阶段，我国乡城劳动力迁移对农村人力资本提升的强相关作用还未完全发挥出来，具有滞后性。本书对具体指标的数据整理做了大量基础性的工作，在具体数据分析上，将全国的时间序列数据与农村家庭横截面数据相结合，为制度分析和政策研究提供了依据。

第四，深入挖掘了我国乡城劳动力迁移与农村人力资本提升弱相关性背后的制度根源，并对相关领域的改革和制度性壁垒的消除提出了相应的制度和政策框架，希望能对推动我国乡城劳动力合理、顺畅、有效地迁移，以及促进乡城劳动力迁移与农村人力资本提升由弱相关向强相关转化，提供一些积极有益的思路和建议。

二　不足之处

本书在研究上还存在诸多不足之处，对一些问题的处理还需要进一步商榷和探讨。

一是人力资本的测度问题，包括人力资本的存量规模、人力资本的结构和流量水平，目前没有统一的指标与方法。本书采用成本法，从人力资本存量水平和投资水平两方面估算地区人力资本水平。采用的分析框架是在前人研究基础上，结合自己的理解与认识来进行的，这不可避免地会引起争议。

二是本书虽然对人力资本理论进行了内涵上的扩展，但由于其中一些变量、指标的数据较难获得，因此对某些方面的分析不够，如人力资本内涵中包括的健康状况、劳动者的社会自组织能力、农村的行业协会状况、劳动者对生活的乐观程度和对自身权利的认可度等，尤其是对微观横截面数据的分析不够是本书的一个较大缺憾。

三是本书在模型构建与实证分析中提到的人力资本变量没有统一，比如，第3章在模型构建中出于简化分析的考虑，用劳动力的受教育程度以及农村受教育者占农村劳动力的比重来衡量人力资本水平，而在实证检验部分则从农村人力资本存量水平和投资水平两方面来衡量农村人力资本水平，其中，对农村人力资本存量水平，用农村居民家庭劳动力平均受教育年限和高中及以上文化程度劳动者所占的比重来进行衡量，对农村家庭人力资本投资水平，从农村家庭教育投资、卫生健康投资水平以及技能培训和迁移投资三个方面进行衡量。尽管这是受限于前面提到的数据可获性和变量可度量性，但这样做仍显得不够严密。

第 2 章　理论综述

本章主要对国内的乡城劳动力迁移理论和国外经典的乡城劳动力迁移模型进行回顾和评述；对人力资本理论的研究成果和进展，以及与乡城劳动力迁移有关的微观主体人力资本投资模型进行简要归纳和评述；对目前国内外关于劳动力迁移对劳动力来源地人力资本积累影响的研究状况进行概括和论述。在把握这一领域的理论发展前沿的基础上，为后续章节的研究做好理论铺垫。

第一节　乡城劳动力迁移理论与模型

一　经典的乡城劳动力迁移模型

目前，经典的乡城劳动力迁移模型大部分是关于乡城劳动力迁移现象的解释或其影响因素的分析，根据其分析视角，大体上可分为两大类：第一类是宏观角度的阐释，这类理论从宏观上解释了乡城劳动力迁移发生的原因及其影响；第二类是微观角度的阐释，从微观上分析农户家庭劳动力迁移的动因、决策，及其与预期效用之间的关系。

1. 刘易斯的二元结构模型

1954 年，刘易斯提出了发展中国家经济发展的二元结构模型。该模型将一国经济分为两个部门，一个是与外部世界相联系的现代城市部门,另一个是与自给自足相联系的传统农业部门。[①] 模型假定传统的农业部门存在着隐性失业,即作为生产要素的劳动力相对于其他生产要素更为丰富,即使一部分劳动力转移出农业部门,也不会对生产总量产生影响。因此,这部分劳动力的劳动边际收益为零,也就是农业部门的"零值劳动力",而农业劳动力的平均工资水平会因"零值劳动力"的存在而降低。因此,"在允许劳动力自由流动的条件下,只要现代部门劳动力的工资水平高于农业部门劳动力的平均收入水平,相对于现代部门所提供的就业机会来说,来自农业部门的劳动力供给就具有无限性"[②]。

"零值劳动力"的存在,使得城市部门不断扩大生产规模,提高资本积累。随着城市部门生产规模的不断扩大,农村剩余劳动力持续转移出来,直到农村不再存在劳动力剩余,此时,劳动力就会变得稀缺,劳动力价格就会逐渐上升。

据此,刘易斯模型将发展中国家的经济发展分为两个阶段(见图 2-1):第一阶段,劳动力的供给是无限的,如图 2-1 中的水平线,而资本和土地是相对稀缺的,现代城市部门工资的下限取决于传统农业部门的平均收入;第二阶段,随着农村剩余劳动力不断向城市部门转移,劳动力供给逐渐稀缺,因此,劳动力供给曲线 S 向右上方翘起,平均工资水平也逐渐提高。刘易斯认为,大多数发展中国家仍处于模型中的第一阶段,中国也在其中。

由此可见,经济发展过程就是城市部门不断扩大,从而不断吸

① Lewis, W. Arthur, "Economic Development with Unlimited Supplies of Labor," *Manchester School of Economic and Social Studies*, 22 (2), 1954, pp. 139-191.

② 王萍:《国外农村劳动力乡城转移理论研究综述》,《大连海事大学学报》(社会科学版)2007 年第 6 期;王萍:《中国农村剩余劳动力乡城转移问题研究》,东北财经大学博士学位论文,2006。

纳传统农业部门剩余劳动力的过程。只有当传统农业部门的隐性失业劳动力（不充分就业劳动力）得到充分就业，发展中国家才能摆脱贫困，实现经济的起飞。

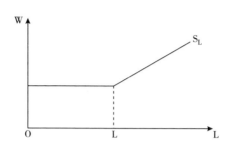

图 2 - 1　发展中国家经济发展的两个阶段

刘易斯的二元结构模型存在着一些重要缺陷。首先，在刘易斯看来，农业是一个不能对经济发展做出直接贡献的部门，农业部门的作用只是提供价格低廉的劳动力，用于工业部门的发展。因此，刘易斯理论并不利于农业部门生产效率的提高，甚至可能延缓二元结构的消除过程。其实，农业在任何国家都是一个十分重要的部门，如果一国不重视传统农业的技术变革和发展，现代城市部门的发展便是不可持续的。其次，刘易斯模型过分强调了物质资本的重要性，却忽略了劳动者的异质性和人力资本的重要作用，而后者对经济发展的推动力往往比前者更大。

2. 刘易斯 – 拉尼斯 – 费景汉模型

拉尼斯和费景汉进一步修正和发展了刘易斯的劳动力迁移模型，他们根据经济发展的不同阶段研究了乡城劳动力迁移与农业、非农业两部门平衡发展的问题。刘易斯 – 拉尼斯 – 费景汉模型将经济发展过程分为三个阶段：

（1）农业经济阶段。在该阶段中，农业部门劳动力的边际生产率为零，存在大量的显性失业。农业部门的平均工资水平仍然取决于制度安排，工业部门的工资取决于传统和习惯，处于仅能维持农业劳动力生存的水平，并不断地吸纳农业部门转移出来的剩余劳动力。

（2）二元经济阶段。由于农业部门劳动力减少，农业部门的边际劳动生产率逐渐开始为正，但仍然比制度工资水平要低，劳动力继续流向现代工业部门，这会引起农业部门产量的下降。粮食的稀缺带来价格的上升，也提高了现代工业部门的工资水平，这样，农业剩余劳动力被越来越缓慢地吸纳到现代工业部门。

（3）成熟经济阶段。此时，现代工业部门已经将农业剩余劳动力完全吸纳，市场供求关系决定农业部门的工资水平，农业部门已经形成了较为成熟的市场，现代工业部门需要支付更高水平的工资，才能进一步吸纳农业劳动力。

刘易斯 - 拉尼斯 - 费景汉模型较刘易斯二元结构模型的进步之处在于，它指出了工业、农业部门生产率的平衡增长对由二元经济向成熟经济过渡的重要性，而且它考虑了技术进步的因素，认为技术进步对农业劳动力向工业部门转移具有重要意义。

3. 乡城劳动力迁移的推拉理论

在研究影响乡城劳动力迁移决策的经济因素时，一些研究者区分了拉力因素与推力因素，称为拉力理论和推力理论。

他们认为，劳动力从农村向城市迁移，既可能是因为农村地区经济发展缓慢，剩余劳动力难以在农业部门找到新工作，即"推力因素"，也可能是因为受到城市较高的收入水平和经济发展水平的吸引，即"拉力因素"，还可能是二者共同作用的结果。

推拉理论对解释发展中国家早期的乡城劳动力迁移起到了一定作用，但是该理论框架过于简化，因此在解释当前发展中国家乡城劳动力迁移的复杂性时具有局限性。

4. 托达罗的乡城劳动力迁移模型

刘易斯－拉尼斯－费景汉模型认为，经济发展是一个农村过剩劳动力不断外流的过程。然而，事实上，在发展中国家，失业问题不仅存在于农村，也存在于城市。1969～1971 年，托达罗发表了一系列论文，尝试解释发展中国家乡城劳动力迁移的决定因素和城市失业问题存在的原因，从而进一步修正了刘易斯－拉尼斯－费景汉的劳动力迁移模型。

在托达罗模型中，乡城劳动力迁移决策是基于"预期收益最大化"这一目标函数做出的。首先，城市部门与农业部门存在实际收入的差距，这吸引了农村劳动力向非农业部门转移；其次，该模型引入了农业劳动力在非农业部门就业的概率这一变量，从而解释了乡城劳动力迁移与城市部门失业率并存的现象。而农村劳动力做出迁移决策的条件是，其在城市部门的预期收益折现值高于其在农业部门的预期收益折现值。

托达罗的劳动力迁移预期模型可以表述为：

$$M = f(d), f' > 0 (d = w \times \pi - r) \tag{2-1}$$

在式（2-1）中，M 是乡城劳动力迁移规模，d 是非农业部门与农业部门的预期收入差距，w 是城市部门的工资水平，π 是农业劳动力在非农业部门就业的概率，r 是农业部门的实际工资水平。

这里，托达罗模型对传统农业部门和现代城市部门构成的二元结构理论进行了修正，认为一国经济由农业部门、城市中的传统部门、工业部门（城市中的现代部门）所构成。[1]然而，在大部分发展

① Todaro, M. P. , "A Model of Labor Migration and Urban Unemployment in Less Developed Countries," *American Economic Review*, 59, 1969, pp. 138－148；王萍：《中国农村剩余劳动力乡城转移问题研究》，东北财经大学博士学位论文，2006。

中国家，大多数农业劳动力都是转入城市中的传统部门，而非工业部门，这些行业并不要求劳动者具有很高的技能或素质，而仅仅是以零散的生产、基础性的技术和大量的劳动投入来运行。

托达罗的乡城劳动力迁移理论主要针对南美国家展开分析，并不完全适用于广大发展中国家的情况。例如，在此之后的很多研究发现，乡城劳动力迁移并不是现代部门失业问题存在的直接原因。若大量乡城迁移劳动力能够在非农业部门找到工作，而现代部门的失业现象依然存在，则可能是经济体系中的制度因素出了问题。

5. Piore 的双重劳动力市场理论

1970 年，Piore 用双重劳动力市场理论解释了贫困国家的劳动力会向高收入国家迁移的问题。

Piore 认为，高收入国家的劳动力市场具有双重性，主要是由于两个部门——一个主要部门和一个次要部门，同时存在于其经济体系中。主要部门资本投入高，生产率也较高，次要部门劳动投入高，但生产率低。由于次要部门不稳定，本国劳动者一般不愿在该部门就业，就业于该部门的，主要是来自贫困国家且从事临时工作的劳动者。其原因是，在高收入国家所挣的低工资仍然高于其回国后的收入。

Piore 的理论在分析我国的乡城劳动力迁移时，是具有借鉴价值的。目前，我国城市部门的就业市场的确具有双重性，因为经济体中也存在一个主要部门和一个次要部门。城镇居民大多不愿就业于次要部门，就业于该部门的主要是乡城迁移劳动力。所以，Piore 的理论在一定程度上能够用于分析我国目前的乡城劳动力迁移现象。

然而，该理论也存在一定的弊端。例如，仅仅将视角放在对劳动力的需求上，而没有结合供给来分析迁移现象的产生和发展，所以，该理论本身并不完整。

6. Stark 的相对收入差距假设模型与新迁移经济理论

在托达罗模型的基础上，Stark 提出了相对收入差距假设模型。在该模型中，家庭或个体 i 的效用函数为：

$$U_i = U(y, RD) \qquad (2-2)$$

这里，y 代表绝对收入，RD 代表相对经济地位的下降程度。

因为效用函数是家庭或个体绝对收入的增函数，所以式（2-2）满足以下一阶和二阶条件：

$$\frac{\partial U_i}{\partial y_i} > 0, \frac{\partial^2 U_i}{\partial y_i^2} < 0 \qquad (2-3)$$

$$\frac{\partial U_i}{\partial RD_i} < 0, \frac{\partial^2 U_i}{\partial RD_i^2} < 0 \qquad (2-4)$$

因此，只要满足式（2-5），家庭或个体就会做出由 A 地迁移到 B 地的选择：

$$U_i^A(y_i^A, RD_i^A) < U_i(y_i^B, RD_i^B) \qquad (2-5)$$

家庭或个体相对经济地位下降的程度是由其在样本中的位置决定的：

$$RD_i(y) = \int_{y_t}^{max} D[1 - F(y)] dy \qquad (2-6)$$

这里，$F(y)$ 是收入的 CDF（Cumulative Distribution Function），$1 - F(y)$ 就是样本中高于收入水平 y 的比重。

假设迁移成本为零，那么，当满足式（2-7）时：

$$y_i^A < y_i^B, RD_i^A > RD_i^B \qquad (2-7)$$

个体由 A 迁移到 B 的动机会更强，此时可推出式（2-5）。若只存在式（2-7）中的一个条件，就需要根据统计检验来判断是绝对收入差距的作用更强，还是相对经济地位下降程度的作用更强。

在 Stark 模型的基础上，近年来，新迁移经济理论逐渐兴起。其主要观点是：迁移决策的主体并不是个人，而是家庭。家庭通过对家庭劳动力资源的配置来降低风险。因此，当一部分家庭劳动力从事农业生产活动时，另一部分家庭劳动力就会外出到非农业部门就业。

由于假设前提不同，新迁移经济理论会延伸出一系列不同于以往的政策内涵。例如，劳动力迁移不一定是由地区收入差距引起的，家庭的迁移决策可以是出于降低风险的考虑。又如，不仅政府对就业市场的干预会影响迁移的顺利进行，政府对其他金融市场的干预也会对迁移进程产生影响。再如，社会经济发展水平的变化和政府的转移支付措施等，能够通过改善家庭的经济状况影响这些家庭的迁移动机。实际上，当政府的福利政策有助于当地平均经济水平的提高，而贫困家庭的收入水平却未能得到提高时，反而会使这些家庭产生更为强烈的迁移动机。

虽然新迁移经济理论尚未形成一个较为完善的分析框架，但该理论关于乡城劳动力迁移的分析思路值得借鉴。

二 劳动力迁移理论的研究特点

根据以上关于经典劳动力迁移模型的研究综述，可以对这些理论的研究特点进行以下归纳。

各理论模型都分析了乡城劳动力迁移的发生原因，但分析的视角各不相同。其中，刘易斯二元结构模型、刘易斯－拉尼斯－费景汉模型等，主要从乡城劳动力迁移的宏观层面着眼，从宏观经济发展的过程来分析迁移产生的原因，从而将乡城劳动力迁移看作农业部门发展和城市化进程的一个结果，而 Stark 相对收入差距假设模型以及新迁移经济理论等，则主要从微观层面来分析乡城劳动力迁移，认为迁移行为的产生是效用最大化和降低风险基础上的微观决策。

在各理论模型中，迁移决策的主体不一致。新迁移经济理论认为家庭是迁移决策的主体，而其他理论模型都认为迁移决策是由劳动力个体做出的。实际上，在欠发达国家，迁移决策常常是基于降低家庭的风险，实现家庭收入和整体效用的最优而做出的。对于我国来说，在传统家庭观念以及土地包干到户的影响下，家庭成为主要的决策主体，因此，以家庭为迁移决策主体的分析思路更适用于分析我国的乡城劳动力迁移。

实际收入差距假设和预期相对收入差距假设不一致。托达罗模型的假设前提是，农业与非农业部门间预期收入的相对差距会导致乡城劳动力迁移的发生，而在此之前的理论模型则将城乡实际收入的绝对差距作为乡城劳动力迁移发生的直接动因。[①] 在托达罗模型的基础上，新迁移经济理论又进一步从相对贫困以及分散、降低风险的角度，对迁移行为发生的原因进行了阐释，从而为该领域的研究开拓出一番新的局面。

虽然一些研究提及或论述了制度因素，但关于制度因素影响的分析总体上较为欠缺。例如，关于刘易斯模型等，托达罗已经指出："这些理论的某些假设放到大多数第三世界经济的制度与经济框架中是不现实的。"[②] 这些理论模型并未对制度因素的影响进行深入系统

① Todaro, M. P., "A Model of Labor Migration and Urban Unemployment in Less Developed Countries," *American Economic Review*, 59, 1969, pp. 138 - 148.

② Todaro, M. P., "A Model of Labor Migration and Urban Unemployment in Less Developed Countries," *American Economic Review*, 59, 1969, pp. 138 - 148；王萍：《中国农村剩余劳动力乡城转移问题研究》，东北财经大学博士学位论文，2006。

的分析，或将乡城劳动力迁移放到发展中国家的具体制度环境中进行分析。

第二节 人力资本理论的基本观点与实证研究结论

一 人力资本理论的基本观点

1935 年，经济学家沃尔什首次提出"人力资本"的概念，并认为教育的投资收益可以通过比较个人收益和个人在教育上的投入而计算出来。然而，直到 20 世纪 50 年代后期，人力资本理论才得到真正意义上的发展，主要形成了 3 个方面的理论研究：一是舒尔茨（Theodore W. Schultz）对人力资本与经济增长理论的研究；二是明塞尔（Jacob Mincer）和贝克尔（Gary S. Becker）从微观个体行为的角度对收入分配和人力资本进行的分析，从而形成的人力资本理论框架；三是丹尼森对人力资本投资的影响因素的计量分析。到了 20 世纪 90 年代，知识资本理论出现了，这为人力资本理论开拓出了更广阔的研究空间。

1. 舒尔茨的人力资本与经济增长理论

在由古典主义向新古典主义经济学过渡的过程中，劳动者自身能力的差异逐渐得到了研究者的重视，他们开始从人力资本的角度分析宏观经济增长问题。其中，舒尔茨首次将人力资本要素单独提出，并将其作为一个决定性的因素来分析其对经济增长的作用。

舒尔茨指出，与物质资本和劳动力数量的增加相比，知识的增加、素质和技能的提升以及健康状况的改善对经济增长具有更为重要的作用。与经济增长理论相结合，舒尔茨清楚解释了人力资本的内涵以及人力资本投资的范畴，这些观点成为现代人力资本理论的基础。在舒尔茨看来，经济增长中较难解释的部分主要应归因于人力资本的提升，他认为："人的经济才能并非与生俱来，而是通过带有投资性质的活动逐步发展起来的，这些活动包括教育、健康、在职培训和劳动力迁移。"①此后，舒尔茨又进一步论证和发展了人力资本理论。

舒尔茨对人力资本与经济增长的研究具有十分重要的理论意义，但其中的一个不足之处是缺乏一定的经验和数量分析，从而导致该理论模型较难被运用于分析具体的实际问题，因此，它并未成为经济增长理论体系中的基础性理论模型。20 世纪 80 年代后，内生的技术进步与人力资本提升逐渐被认为是经济增长不可或缺的因素，Paul M. Romer 和 Robert E. Lucas 进一步对该理论展开研究，从而打开了内生经济增长理论研究的大门。

2. 丹尼森对教育支出的计量分析

丹尼森对人力资本理论的主要贡献在于，其将人力资本作为一个重要的生产要素，并在此基础上展开了实证分析。丹尼森从生产要素投入量的增加和生产效率的提高两方面，对经济增长的类型进行了划分。其中，生产效率的衡量包括技术进步、资源的优化配置和要素投入规模的下降等 23 个方面。他对各个方面进行逐项推算，将各方面对国民生产总值的影响逐项进行比较，从而得出各因素对经济增长作用的排序。在诸多影响人力资本投资的要素中，丹尼森对教育进行了分析，他指出，受教育程度的提高能够推动人力资本量的积累，然而，人力资本质量的提升则与教育质量的提高密切相

---

① 〔美〕西奥多·W. 舒尔茨：《论人力资本投资》，吴珠华等译，北京经济学院出版社，1990，第 9 页；赵海：《人力资本与农村劳动力非农就业研究》，华中科技大学博士学位论文，2009。

关，因此，在诸多人力资本要素中，教育质量与经济增长的关系更为密切。他在对美国 1929～1957 年经济数据的详细分解计算中发现，在该阶段的经济增长中，23% 归因于教育人力资本投资，其中约 1/5 可由人力资本量的积累来解释，而教育质量提高所带来的技术进步以及人力资本质的提升则可用来解释其余的 4/5。这样，丹尼森从实证角度揭示了教育的作用，这是人力资本理论在研究方法上的一大进步。同时，他对教育要素的分解使得人力资本中教育投资概念的界定更为清晰，并从理论分析和计量检验两方面共同论证了教育质量带来的人力资本质的提升对经济增长的重要作用。

然而，丹尼森的研究视角仍然遵循纯粹劳动力要素分析的框架，并未将人力资本研究纳入经济增长理论的综合体系进行考察，其方法仍然局限于对外生变量的分析上，因而具有一定的不足。

3. 以明塞尔、贝克尔为代表的人力资本收入分配论

以明塞尔为代表的经济学家将人力资本作为收入分配的一个决定因素来进行研究，从而将人力资本理论引入了劳动经济学领域，而收入分配的研究重点也更加关注劳动的异质性问题。随后，围绕劳动力市场和收入分配等问题，明塞尔又在其已有理论研究的基础上，对人力资本理论进行了一系列富有成效的拓展，总的来说，主要包括以下 3 个方面的研究。

首先，关于人力资本对劳动收益的影响。① 他在亚当·斯密提出的补偿原理的基础上，提出了人力资本的收入函数，从而建立了关于人力资本投资收益的理论模型。

其次，关于人力资本投资理论，以及人力资本投资对收入增长、

---

① 明塞尔在该领域研究的主要代表作有：《人力资本投资和个人收入分配》、《劳动收入的分配：一个综合评述》和《人力资本与个人劳动收入》等。

劳动力迁移等的影响。[①] 在该方面，明塞尔重点分析了对专业技能培训的投资及其作用，并用实证方法检验了人力资本对劳动力在企业间流动的社会网络和时间周期的影响。

最后，关于经济增长、产业结构与技能型人力资本的研究。[②] 在该方面，明塞尔着重讨论了人力资本需求结构的变化对劳动力市场的影响。在他看来，产业结构升级带来了对高学历、高技能型人才需求的增加，而这正是技术进步、资本积累推动生产力提高的结果。因此，经济增长的过程实际上伴随着人力资本需求结构的提升，是对高人力资本劳动力需求增加的一种解释。

此外，以新古典经济学的微观分析方法为基础，经济学家贝克尔对人力资本投资进行了分析。在对收入函数进行分析的基础上，研究确定劳动与收入分配之间呈相关关系，从而提出了关于人力资本投资与收益的一般均衡模型，也就是说，个体的人力资本投资活动在既定的人力资本投资成本约束下，面临最优化决策问题。在贝克尔看来，"人力资本投资水平的决定因素是这种投资是否有益或收益率的大小"。[③] 该模型将家庭作为分析问题的基本单位，对人力资本从微观层面进行分析，以提高时间效用和后代教育质量的需求为目标，总结出："在生产技术和资源既定的约束下，从长期看，个体的时间效用包括他这一生所享有的总效用，以及他

---

① 明塞尔在这个方面的研究主要代表作有：《在职培训、成本、报酬及其含义》、《劳动力流动和工资》、《工作转换与工资变化、教育和失业》、《职业培训、工资增长和工作转换》和《职业培训：成本、报酬与工资变化》等。

② 明塞尔在此方面的研究主要代表作有：《人力资本和经济增长》、《美国和日本的工资结构和劳动流动》、《劳动市场上人力资本对技术变化的反应》和《人力资本、技术和工资结构：一个时间序列模型》等。

③ 〔美〕加里·S. 贝克尔：《人力资本》，梁小民译，北京大学出版社，1987，第42页。

愿意留传给子女的总效用。"① 此外，贝克尔还对学校基础教育和专业培训对人力资本积累的作用，以及个体对基础教育和培训投资的决策行为等，进行了理论分析和实证分析。贝克尔的这一系列贡献为人力资本理论的发展进一步提供了坚实的微观基础和实证分析基础。

4. 人力资本理论的最新进展

20 世纪 90 年代以来，在知识经济的推动下，人力资本理论的研究取得了很多新的进展。在克鲁格曼、哈夫曼、贝克尔等研究者继续按照内生经济增长理论的思路向前推进的同时，另一些经济学家将视角从人力资本与经济增长的关系转向了更为广阔的领域，其中，对知识资本理论的研究就是一个鲜明的标志。

知识资本理论更重视通过微观层面的知识资本结构分析来解释人力资本，从而揭示经济主体内部的人力资本产权关系、人力资本激励机制和运行效率以及与之相关的制度环境等。因此，知识资本理论研究的兴起更加拓宽了人力资本研究的范畴。

二　人力资本的内涵

在舒尔茨看来，体现在人身上的技能、生产知识、素质、健康等的累积量，就是人力资本。他认为："之所以称这种资本为人力的，是因为它已经成为人的一部分；又因为它能够带来未来的满足或收入，所以称其为资本。"②舒尔茨认为人力资本投资的范围

---

① 〔美〕加里·S. 贝克尔：《人力资本》，梁小民译，北京大学出版社，1987，第 11 页；赵海：《人力资本与农村劳动力非农就业研究》，华中科技大学博士学位论文，2009。

② 〔美〕西奥多·W. 舒尔茨：《论人力资本投资》，吴珠华等译，北京经济学院出版社，1990，第 92 页。

主要有 5 个方面。第一，医疗保健领域，包括影响人寿命、耐力、精力等方面的所有健康活动和费用支出，其结果是提高人这一资源的质量。第二，对员工的在岗培训。高昂的培训费用带来的一个问题是，"谁来支付这笔费用"。在贝克尔看来，在竞争性市场上，劳动者自己负担全部培训费用，其净收入最初可能会减少，之后会大幅度上升。第三，学校基础教育。其中，用于教育的成本包括学生直接用于受教育的费用和学生在校受教育期间所放弃的收入。第四，企业以外的机构为成人提供的专业培训项目，如农业技术推广等。第五，个体和家庭为适应就业机会而进行的迁移活动。

此外，阿罗认为，人们在现实生活中也能够慢慢地学习，不一定要通过学校的基础教育来掌握知识。其他一些方式，如在岗培训等，也能够提升劳动者的人力资本水平，使他们获得更多的专业技能。[①]

综合以上对人力资本的解释可以看出，人力资本的形成是多方面的，其中，形成人力资本的主要方面是教育投资、健康投资、迁移和培训投资等。

同时，人力资本的分析可以从宏观和微观两个层面展开。宏观层面的研究侧重于人力资本在经济增长中的作用，将人力资本看作一种对经济增长具有重要作用的生产要素。微观层面的研究侧重于微观个体的自身能力和修养等对个体人力资本的影响，即注重个体人力资本投资水平的研究。本书在研究乡城劳动力迁移对农村人力资本的影响时，将分别从微观和宏观两个层面展开。

---

① Arrow, K. J., "The Economic Implications of Learning by Doing," *Review of Economic Studies*, 29（3），1962, pp. 155 – 173.

三　人力资本实证分析的一般结论

1. 与其他投资相比，对人力资本的投资具有更高的投资回报率

在经济发展的过程中，投资一般可以分为 3 种，即固定资本投资（如生产设备、厂房、土地等）、金融资本投资以及人力资本投资。但在人力资本理论出现以前，经济增长中的"索罗残差"很难被解释清楚，即认为社会财富的增长速度越来越快的一般理论与经济学中"劳动和资本投入的边际收益递减"的原理并不相符。之后，研究者逐渐发现，人力资本投资能够在很大程度上解释"索罗残差"，由此而来的实证分析也层出不穷，这些研究都进一步证实了相对于物质资本而言，对人力资本的投资往往可以得到更高的投资回报。[①]

2. 人力资本影响个人收入和社会财富的分配

一般来说，在一定时期内，物质资本的差异、技术水平的不同以及制度的差别，会导致经济主体和地区之间的收入水平产生差距。而这些实际表现出来的差异在很大程度上可以由人力资本来解释。首先，大量研究表明，在具有较高受教育程度及技术水平的人群中，年龄－收入曲线的倾斜度更高。其次，个体的能力越高，其进行人力资本投资的意愿就更为强烈。这也是劳动者的工资等收入呈现严格非正态分布的一个原因。最后，在个体对人力资本的投资相同的情况下，收入分配就相当于能力分配。

---

① 参见蔡新会《中国城市化过程中的乡城劳动力迁移研究——根据人力资本投资的视角》，复旦大学博士学位论文，2004。对"索罗残差"做出实证研究和合理解释的代表人物有库兹涅茨、丹尼森等。

3. 收入水平与人力资本水平成正比

大多数研究数据都表明，人力资本水平较高的人群，其收入水平也较高。中国社会科学院经济研究所对 1995～1999 年的城镇住户的抽样调查数据显示，20 世纪 90 年代，城镇职工的实际平均收入提高了近 48%，然而其中受教育程度不同的人群，其平均收入的上升幅度差异明显。这 5 年的数据显示，受教育程度为小学及小学以下的人群的平均收入增长为 -1%，受教育程度为初中的人群的平均收入上升了 20%，而受教育程度为大学及大学以上的人群的实际平均收入竟上升了 52%。这种收入增幅的差异直接导致收入差距在各学历人群间的进一步增大。

4. 对人力资本投资的高回报在发展中国家表现得尤为明显，其中对中学教育的投资回报更为显著

大量实证分析都表明，与发达国家相比，人力资本投资的高回报在发展中国家表现得更为明显。从长期来看，对人力资本的投资能够持续地、大幅度地提高劳动生产率，这是物质资本难以实现的。基于此，发展中国家更应重视对人力资本的投资。

很多实证分析还表明，在大多数发展中国家，对小学教育、中学教育和大学教育的投资回报率是逐渐下降的。由于这些国家的教育水平相对落后，在短期内，对初级教育的投资回报就更为明显。然而对大多数发达国家来说，对不同阶段教育的投资回报结果则恰恰相反。原因主要是发达国家对私人教育的投资回报往往比对社会教育的投资回报更高，而发展中国家却往往不具备高效的教育和人力资本投资体系。因此，大力发展初级教育、中等教育对发展中国家来说更为有利。

第三节　关于劳动力迁移对迁出地人力
资本影响的研究综述

一　国外关于劳动力迁移对迁出地影响的研究

国外关于劳动力迁移对迁出地人力资本影响的研究，主要集中在高水平人力资本的迁移对迁出地的福利影响问题上，该领域的研究从20世纪70年代起就受到了广泛重视，而国外学术界对该问题所持的观点和政策研究大体可分为完全不同的两类。

1. 劳动力迁移对迁出地人力资本积累及经济发展的不利影响

大部分研究表明，人才流失①对迁出地的经济发展是不利的，主要有两方面的负面影响。从长期来看，不利于迁出地人力资本的积累和经济增长。对于欠发达地区来说，较高水平人力资本的迁出使这些地区的人力资本存量降低，不利于当地劳动生产率的提高和居民收入的增加，对当地的经济增长不利。② 当这种迁移持续、大规模地进行时，迁出地的人力资本水平不断降低，更加阻碍了这些地区的经济发展。该观点所产生的政策措施是，通过税收等调节工具，减缓这些地区的人才流失，使迁移对迁出地经济发展的负面影响最小化。从短期来看，人才流失对劳动力迁出地区的居民收入有直接的负面影响。一般说来，技能水平较高的劳动者通常属于收入水平较高的纳税人群体，因此，高水平人力资本的迁出会导致迁出地失去重要的纳税来源，这对当地的收入再

---

① 人才流失（Brain Drain），即所谓的高技能人才外流的现象。

② Miyagiwa, K., "Scale Economics in Education and the Brain Drain Problem," *International Economic Review*, 32 (3), 1991, pp. 743 – 759.

分配也是不利的。① 同时，迁出地负担了迁移劳动力的教育、培训、医疗等方面的人力资本积累成本，却没有得到相应的回馈。由此产生的后果是，经济发达地区的经济发展更快，而欠发达地区的经济发展却更加缓慢。

据此，研究者建议实施一些转移支付措施，来弥补迁出地承受的损失，如实施针对高技能人才的税收政策，进而在地区间进行收入的再分配。

研究者还指出，尽管高技能人才的迁出可以通过汇款以及在取得成就后返乡等途径，为迁出地带来积极、正面的影响，但是，这些正面效应毕竟是潜在的，并不一定体现在具有较高人力资本的迁移者身上。以迁移者的汇款为例，很多调查都表明，受教育程度较高的迁移者未必比受教育程度较低的迁移者的汇款金额更高，尽管受教育程度较高的迁移者往往拥有更可观的收入，但这部分人群的迁移常常是以家庭为单位的，因而更为稳定，这往往使他们向迁出地的汇款少于受教育程度较低的迁移者。例如，芬尼以家庭调查数据为基础的实证分析表明：迁出者的汇款往往与迁出人群中受教育程度较高劳动者所占的比重成反比，因此，迁出者的汇款并不能弥补高技能人才迁出对迁出地产生的不利影响。②

同时，根据以往的研究，迁移后的回流对于具有较高受教育程度的迁移者来说，发生的概率并不太大。例如，尽管印度的软件产业发展很快，但在印度的班加罗尔，只有为数不多的软件工程师在

---

① Bhagwati, J. N. and Hamada, K., "The Brain Drain, International Integration of Markets for Professionals and Unemployment," *Journal of Development Economics*, (1), 1974, pp. 19 – 42.

② Faini, R., "Development, Trade and Migration," *Proceedings from the ABCDE Europe Conference*, 1 – 2, 2002, pp. 85 – 116.

迁移后重返家乡①。

2. 劳动力迁移对迁出地人力资本积累及经济发展的有利影响

20 世纪 90 年代以来，劳动力迁出不利于迁出地经济发展的观点受到越来越多的质疑。更多的研究表明，迁出地也可能因高素质劳动力的迁出而获益，这大体归因于以下 3 个方面。

首先，劳动力的迁移使迁出地的汇款收入增加。研究表明，汇款这种私人转移支付在许多南太平洋国家的国民收入中所占的比重超过 10%；在埃及，在 20 世纪 70 年代末，汇款比重已经占其出口额的 89%。②

其次，劳动力迁移带来了贸易网络的扩展，带动了迁出地的技术进步。很多证据表明，劳动者迁移所形成的社会网络能够减少一部分商业信息不对称的问题，迁移带来了迁出地和目的地之间交流和贸易的扩展，尤其是差别产品的贸易得到了促进。③ 同时，贸易网络的扩展还可以推动先进技术和外商直接投资的有效扩散。因为具有较高人力资本水平的劳动力迁出后，会对目的地的研发和生产率提高做出贡献，此时，迁出地通过技术扩散，实际上能够刺激本地的技术进步和生产率提高，从而产生正向的扩散效应。④

---

① 董理：《劳动力迁移的选择性与迁出地人力资本形成》，《经济问题》2007 年第 9 期。

② 董理：《劳动力迁移的选择性与迁出地人力资本形成》，《经济问题》2007 年第 9 期。

③ Rauch, J. E. and Casella, A., "Overcoming Information Barriers to International Resource Allocation: Prices and Ties," *Economic Journal*, 113（484）, 2003, pp. 21 – 42.

④ Domingues, M., Santos, D. and Postel – Vinay, F., "Migration As a Source of Growth: The Perspective of a Developing Country," *Journal of Population Economics*, 16（1）, 2003, pp. 161 – 175.

　　最后，劳动力迁移有利于迁出地人力资本水平的提高。个体和家庭在选择对教育的投资时，需要衡量成本和预期收益，而教育能够提高劳动者实现异地就业并获得较高预期收入的概率，这就刺激了个体和家庭对教育、健康、技能培训等方面进行投资，从而推动迁出地的人力资本积累和生产率提高，因此，劳动力迁移给迁出地带来的总体影响是正向的。[①] 在 50 个发展中国家不同受教育程度劳动者的迁移率等截面数据的基础上，贝恩等对高技能劳动力迁移对迁出国的总体影响进行了实证分析，结果表明：人才流失对大多数原本人力资本水平较低和高技术人才迁移率较低的国家的总体影响为正，而对原本高等教育入学率较高或高技术人才迁移率较高的国家的总体影响为负，因此，劳动力迁移对迁出地的经济和人力资本积累的推动作用虽然有限，但其作用在长期内显著。[②]

　　总的来讲，国外关于劳动力迁移对迁出地影响的相关研究已经为进一步的探索奠定了良好的理论基础。但是，对国外已有理论及模型的应用，需要结合我国乡城劳动力迁移的具体特征进行，即应进一步结合我国乡城劳动力迁移的历史阶段、制度环境、迁移的具体特征以及迁移劳动力的人力资本禀赋等重要因素，来探讨迁移对农村地区人力资本积累的影响。

二　国内关于劳动力迁移对迁出地影响的研究

　　许多学者的研究已经表明，我国的劳动力迁移具有以高水平人

① Stark, O., Helmenstein, C. and Prskawetz, A., "A Brain Gain with a Brain Drain," *Economic Letters*, 55, 1997, pp. 227 – 234.

② Beine, M., Docquier, F. and Rapoport, H., "Brain Drain and LDCs' Growth: Winners and Losers," The Institute for the Study of Labor (IZA) Discussion Paper, No. 819, 2003.

力资本迁出为主的迁移特征，该特征会对欠发达地区的人力资本积累产生影响。

许多学者研究了迁移行为与迁移者个体特征之间的相关关系。在这些研究中，研究者重点分析了受教育程度对个体的迁移决策所产生的影响。其中，由于非农行业的进入条件和门槛对迁移者具有选择性，因此受教育程度成为很多雇主甄别劳动者的能力、素质以及做出雇用决策的一个重要标准。这使学者开始对未迁移劳动力的人力资本水平的变化趋势给予更多关注，主要表现在两个方面：①老龄化，迁出劳动力以青壮年为主；②女性留守，在外出者中，男性劳动力占大多数。这二者结合起来，可能意味着农业部门人力资本水平呈现下降趋势。

此外，迁移与区域经济发展差异的相关关系也是该领域研究的一个重点。刘强的研究表明："新古典的经济收敛机制在中国并没有起作用。"[1] 这主要是由于我国的资本与劳动之比并未呈现预期的变化趋势，而这正是劳动力的大规模迁移所导致的。同时，大批劳动力的异地转移，"是社会经济系统对区域差距做出的反应"，[2] 因此是缩小地区差异的一个有效途径。李国平等的分析则表明，我国的区域经济差异应主要归因为："生产向东部沿海不断集中，人口没有相应地向那里集中。"[3] 这就使劳动力的分布与核心地区的生产力不匹配。所以，促进劳动力转移，降低制度壁垒，使劳动力的分布更加适应生产力的发展，是缩小区域差异的有效方法。

一些学者还对我国乡城劳动力迁移的选择性特征给予了关注。

---

① 刘强：《中国经济增长的收敛性分析》，《经济研究》2001 年第 6 期。

② 刘强：《中国经济增长的收敛性分析》，《经济研究》2001 年第 6 期。

③ 李国平、范红忠：《生产集中、人口分布与地区经济差异》，《经济研究》2003 年第 11 期。

董理考察了影响迁出地人力资本的内在因素，以及迁移是如何影响迁出地的人力资本投资的，并在此基础上总结了迁移有利于迁出地经济发展，从而消除地区经济差异的条件。[①] 郭剑雄等认为，选择性迁移具有跨部门套利的动机，这使个体和家庭增加了对人力资本的投资，因而有利于农村地区的人力资本积累。[②] 唐家龙等在 2000 年的第五次人口普查数据的基础上，对 20 世纪 90 年代后期我国劳动力迁移的选择性进行了实证分析，并针对影响劳动力迁移的性别、年龄、婚姻状况、受教育程度、户口类型等特征和分省的迁移量数据进行了描述性分析，结果显示，我国劳动力迁移的选择性突出表现在年龄和受教育程度两方面。此外，户籍制度是影响迁移决策和决定迁移类型的重要因素。[③]

　　目前，我国学者关于劳动力迁移对迁出地影响的研究主要集中在对乡城劳动力迁移问题的探讨上。然而，该领域的研究仍有很多问题有待进一步解决。例如，我国的乡城劳动力迁移具有哪些独特性，其中存在的问题有哪些？导致这些问题的原因是什么？我国的乡城劳动力迁移会对农村人力资本积累产生哪些影响？是降低农村地区的人力资本水平，从而造成城乡之间更大的经济差距？还是相反，使迁出地的人力资本积累因为本地高禀赋劳动力向城市非农部门的转移而获益？如何对农村地区的人力资本进行衡量？等等，这些问题都有待进一步探索。

---

① 董理：《劳动力迁移的选择性与迁出地人力资本形成》，《经济问题》2007 年第 9 期。

② 郭剑雄、刘叶：《选择性迁移与农村劳动力的人力资本深化》，《人文杂志》2008 年第 4 期。

③ 唐家龙、马忠东：《中国人口迁移的选择性：基于五普数据的分析》，《人口研究》2007 年第 5 期。

第3章 乡城劳动力迁移与农村人力资本提升的强相关关系

通过对已有理论文献的回顾可以看出，大部分关于乡城劳动力迁移的研究是对迁移现象、迁移特征的解释或对影响因素的分析，将人力资本作为一个重要因素纳入迁移模型进行研究的并不多，关于迁移对农业部门人力资本影响的分析更是极为有限。因此，有必要在对经典的乡城劳动力迁移理论模型进行修正和进一步延伸的基础上，具体地研究乡城劳动力迁移与农村人力资本积累的一般性关系，即研究在劳动力由农业部门转移到非农业部门的过程中，在迁移规模满足一定条件时，这种迁移与农业部门的人力资本积累是否具有相关作用，以及在一定的范围内，前者的持续进行能否对后者起到积极的促进作用。本章将围绕这一理论问题进一步展开讨论。

第一节 考虑人力资本要素的农业部门现代化进程

如理论综述部分所述，拉尼斯、费景汉对刘易斯模型进行了修正，将农业部门视为经济发展中的一个重要部门，使农业部门的发展更加受到重视。相对于刘易斯的二元结构模型，拉尼斯－费景汉模型更加强调工业部门和农业部门的协调发展，而且认为技术进步的作用不容忽视，此外，物质资本及人口基数的增加等也能够促进农业劳动力向工业部门转移。在该模型中，二元经济的发展经历3

个阶段（见图3-1）。

一 农业经济阶段

在该阶段中，大量的显性失业，即剩余劳动力，存在于农业部门，由图 3-1（a）中的 LL_1 表示，且该阶段农业劳动力的边际劳动生产率为零，此时，即便有部分剩余劳动力从农业部门转移出来，也不会对农业部门的产量造成影响，也不会使工业部门的工资水平发生变化。工业部门工资的下限由传统农业部门的平均收入决定，而农业部门的平均工资水平仍然由制度决定。因此，在图 3-1（b）和图 3-1（c）中，工业部门的工资曲线 W_I 是一条水平线，农业部

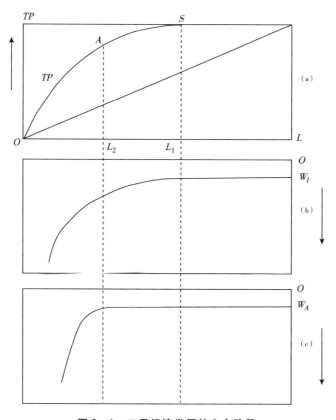

图 3-1 二元经济发展的 3 个阶段

门的工资曲线 W_A 也是一条水平线。

二 二元经济阶段

农业劳动力不断由农业部门流向工业部门，这提高了农业部门的边际劳动生产率，尽管还是低于固定的制度工资水平，但已开始逐渐大于零。此时，农业部门的显性失业逐渐消失，但仍伴随隐性失业，因此，部分农业劳动力仍会流向工业部门，此时的隐性失业由图 3 - 1（a）中的 L_1L_2 表示。因为此时农业部门的边际劳动生产率是正的，劳动力从农业部门流出便会影响农业生产，使农产品变得稀缺，以致价格上涨，进一步推动工业部门的工资上升，这就降低了工业部门吸纳农村转移人口的能力，劳动力转移因此放缓。在图3 - 1中，第一、第二阶段的交界处为 S，即农业产品稀缺点。由 S 点向左，即进入二元经济阶段，此时，工业部门的工资曲线 W_I 由稀缺点以后开始上升，而农业部门的工资曲线 W_A 仍保持水平。

三 成熟市场经济阶段

此时，全部农业剩余劳动力 L_2 都已经转移到了工业部门。农业部门已经形成了较为成熟的市场，其工资水平由市场供求关系决定。如果工业部门继续接收农业转移人口，就要按照与边际劳动生产率相同的水平来向劳动者支付工资。在图 3 - 1（a）中，在 A 点，劳动者的边际劳动生产率等于工业部门的平均劳动生产率。此时，农业部门已形成较成熟的市场，因此，A 点被称为市场化点。由市场化点 A 往左，农业部门的工资曲线 W_A 开始上升。在该阶段，农业部门的生产率提高迅速，完成了农业现代化的进程。

然而，刘易斯 - 拉尼斯 - 费景汉模型中隐含了劳动者同质性的假设，这一假设仅适用于人力资本存量较低的城市化进程初期。进入城市化进程中期以后，除了物质资本、劳动和土地等自然资源之外，人力资本开始在农业部门的生产中发挥更为关键的作用，它具有特殊的效应，能带来边际效益的递增。所以，在分析我国乡城劳动力迁移的进程时，有必要对刘易斯 - 拉尼斯 - 费景汉模型进行一定的修正，将人力资本要素纳入迁移理论模型中进行分析。

可以按照人力资本禀赋的高低，将初始状态的农业部门的全部劳动力分为 3 个部分，即 L_H、L_M 和 L_L，$L = L_H + L_M + L_L$。其中，L_H 是人力资本禀赋较高的农业劳动力，L_M 是具有高于或等于平均人力资本禀赋（低于 L_H 的人力资本禀赋）的农业劳动力，L_L 为低于平均人力资本禀赋的农业劳动力。用 h_H、h_M 和 h_L 分别表示 L_H、L_M 和 L_L 的平均人力资本水平，显然，$h_H > h_M > h_L$。这里，结合我国农业部门的实际情况，L_H 和 L_M 被认为相对较小，这样，如果用 h 代表农业部门的平均人力资本水平，那么，h 可以用 h_H、h_M 和 h_L 的加权平均数来表示，即 $h = \dfrac{L_H}{L} h_H + \dfrac{L_M}{L} h_M + \dfrac{L_L}{L} h_L$，因此，$Lh = L_H h_H + L_M h_M + L_L h_L$。

这里，农业生产函数采用一般的生产函数形式：$A = f (K, Lh, land)$，其中，$land$（土地）作为常量，将其并入物质资本的投入中，因此，农业部门的生产总量为 $A = f [K, (L_H h_H + L_M h_M + L_L h_L)]$。

当不考虑劳动力的质的差异时，L_H 和 L_M 向工业部门的转移并不会降低农业部门的人力资本，因而也不会对农业部门的生产水平造成影响 [见图 3 - 2 (a)]。然而，当考虑个体间人力资本质量的不同时，随着 L_H 和 L_M 的降低，L_L 也会减少，从而导致农业部门的整体人力资本水平降低，也使得物质资本、土地等其他要素的生产率下降。因此，农业部门的平均生产水平降低，以致农产品变得稀缺，提前出现农业产品稀缺点。在图 3 - 2（a）中，稀缺点 S 向右移动到 S'，农业产品稀缺点提前，而市场化点的出现则相应地延迟，从 A 点向左移动到 A'，因此，农业产品稀缺点和市场化点的重合也被延后，TP 曲线下旋到 TP'。此时，依然有剩余劳动力 L_1L_1' 存在于农业部门，工业部门和农业部门存在更大的工资差距，整个农业部门的现代化进程将经历更长的时间。

根据刘易斯－拉尼斯－费景汉模型，对于工业部门来说，在一定的工资水平下，只有当技术进步和资本积累达到一定程度，劳动投入的边际效益递减效应不那么强时，这些因素才可能抵消或超出劳动人口下降所带来的影响。[①] 在迁移模型中引入人力资本要素后，农业部门要获得进一步的发展，就需要以更高的生产技术水平及良好的技术进步机制与高人力资本禀赋劳动力的流出相适应。也就是说，在农业产品稀缺点到来后，需要通过源源不断的技术进步来提高农业生产率和产量，从而弥补农业部门因人力资本流出而引起的产量下降。事实上，先进投入要素的增加正是技术进步的一种表现，而农业生产水平要在较短时间内对先进要素的投入做出反应，就对先进要素使用者的素质水平提出了相应要求，因此，稀缺点和市场化点的重合还需要满足以下条件：

$$\left|\frac{\Delta h}{h}\right| > \left|\frac{\Delta h'}{h}\right|$$

这里，$\Delta h/h$ 为农业部门的平均人力资本积累率，$\Delta h'/h$ 为农业部门高人力资本水平劳动力流出所带来的农业部门平均人力资本的下降率，前者的绝对值大于后者的绝对值，这是农业部门进一步发

---

① 〔美〕费景汉、拉尼斯：《劳动力剩余经济的发展》，王月、甘杏娣等译，华夏出版社，1989，第 101 页；刘叶：《选择性迁移、人力资本深化与中国农业发展》，陕西师范大学博士学位论文，2009。

展的另一个条件。

由此可见，技术进步以及农业部门平均人力资本水平的动态提高，使农产品稀缺点往左移动，市场化点往右移动，从而带来农产品稀缺点 S 与市场化点 A 的重合，即 TP 曲线向上旋转［见图 3 - 2 (a)]。而在拉尼斯、费景汉看来，这正是"农业发展完成的标志"。[1]

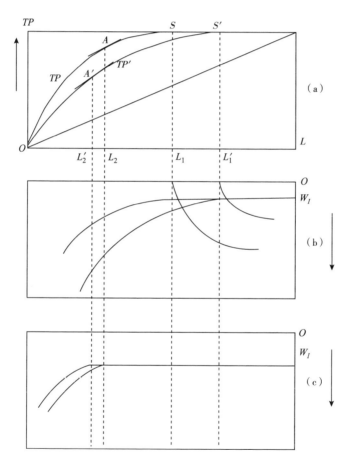

图 3 - 2　考虑人力资本要素的刘易斯 - 拉尼斯 - 费景汉模型

---

[1]　刘叶：《选择性迁移、人力资本深化与中国农业发展》，陕西师范大学博士学位论文，2009。

第二节　对乡城劳动力迁移与农村人力资本
积累一般关系的分析

本节尝试在新经济增长理论的分析框架下，考虑劳动者的异质性（劳动者所能够提供的效率劳动单位的数量并不相同），在坎布、拉普波特《迁移选择性与地区不平衡的发展》一文理论模型的基础上，尝试构建一个关于乡城劳动力迁移与农村人力资本积累一般关系的分析框架。

首先，假设经济体包括农业部门与非农业部门。非农业部门具有规模效益不变的技术特性，其劳动力市场是完全竞争的，具有固定的工资率，不会因外来劳动力而发生变化，而农业部门的工资率由制度决定，因此也是固定的。① 两个部门之间具有技术差异。非农业部门是农村具有较高人力资本禀赋劳动力的迁入地，而农业部门作为这部分劳动力的来源地，相对于非农业部门是欠发达的。农业部门与非农业部门对人力资本的回报是不同的，这也是二者技术差异的一个表现。假设 w^A 为单位人力资本在农业部门所获得的回报，将其标准化为 1，w 为非农业部门的单位人力资本回报，那么，$w > w^A$，即 $w > 1$。这里，w^A 和 w 是除去迁移成本之后的净回报。

假设农业从业者的生命周期存在两个时间段，将每个时间段的时间总量标准化为 1。在第一个时间段里，处于第 t 期的劳动个体 i 具有来自上一代的人力资本存量 h_t，同时还拥有其个体的素质 a_t^i，

---

① 由于规模效益不变和完全竞争的市场，对于一个小型、开放的经济体来说，其自身的工资率是不变的。即不受劳动力迁移的影响，任何的劳动力迁入或迁出会产生物质资本的流动，从而使资本劳动比恒定。

在能力区间［0，1］上均匀分布。这种个体的素质可以理解为一种学习能力，而每个劳动个体的学习能力各不相同，即个体将受教育所花费的时间真正转化为实际生产力的能力存在差异。在该时间段，受教育的个体在教育上花费的时间所占的比重为 e（$0 < e < 1$），这一时间段内所接受的教育被认为是实现迁移所应具备的基本人力资本要求。在第二个时间段里，劳动者进行生产活动。此时的劳动生产率，是由劳动者在第一个时间段内已有的人力资本存量（学习能力）以及在教育上的投资所共同决定的。这样，此时的人力资本水平是个体学习能力以及第一时间段内在教育上所花费时间的增函数（假定为线性的函数）。

受教育的个体能否实现迁移具有一定的不确定性，即劳动者个体有 p 的概率能够迁移，也有（$1 - p$）的概率不能迁移。因此，对教育的投资能够提高迁移的概率，但并不能确保迁移的实现（这里假定对于在教育上花费时间为零的个体来说，其迁移概率是零）。对于个体而言，受教育的预期回报取决于个体自身的能力、非农业部门的人力资本回报率以及受教育个体的迁移概率。这里假设没有跨期的收入贴现问题，同时劳动个体是风险中性的。

当迁移概率大于零时，农业部门的劳动者会比较受教育后的人力资本投资回报与不接受教育情况下的预期收入，以选择是否接受教育。当受教育的收入预期比不受教育的收入预期高时，个体就会做出对教育投资的决策，即个体 i 选择教育的条件为：

$$(1 - e)h_t + (1 - p)(1 + a^i)h_t + p(1 + wa^i)h_t > 2h_t \tag{1}$$

将式（1）化简后，可以得出：

$$a^i > a^E \equiv \frac{e}{1 + p(w - 1)} \tag{2}$$

这里，$a^E \equiv \dfrac{e}{1+p(w-1)}$ 是农业部门的劳动者选择是否进行教育投资的临界学习能力。

所以，当劳动者的学习能力 a^i 大于 a^E 时，就会做出接受教育的决策；而当劳动者的学习能力 a^i 小于 a^E 时，个体往往不会做出接受教育的决策；当个体的学习能力 a^i 等于 a^E 时，是否接受教育对于劳动者个体并没有大的不同。因为个体的学习能力不同，在能力区间 [0，1] 上的分布又是均匀的，因此，a^E 越小，做出教育投资决策的劳动者就越多。

我们想要关注的是，在开放的经济环境下，当农业部门的劳动力能够自由转移到非农业部门时，未迁移劳动力中受教育劳动者的比重为 P^E。在内生经济增长模型中，P^E 的提高对劳动力来源地人均收入的增长具有正向效应，因此，这一比重的上升，可以认为对劳动力来源地是有益的。

这里，当 $p=0$，即经济环境封闭时，农业劳动力无法实现自由流动，此时，个体选择进行教育投资的临界学习能力为 $a^E=E$，用 a^F 表示。那么，在农业劳动力中，受教育者所占的比重可以表示为：$P^F=1-a^F=1-e$。当 $p>0$，即经济环境开放时，农业劳动力能够向非农业部门自由转移，而对于滞留劳动力来说，其中受教育者所占的比重可以表示为：

$$P^E = \frac{(1-p)(1-a^E)}{a^E+(1-p)(1-a^E)} \qquad (3)$$

现在需要讨论以下两个问题。

首先，农业劳动力的迁移是否有可能对来源地（农业部门）产生有利的影响？

当 $P^E>P^F$，即经济环境开放时，农业劳动力向非农业部门的流动使农业部门受教育者的比重提高了，此时农业部门的人力资本水平比经济环境封闭时的人力资本水平要高。农业劳动力的迁移对来源地产生了积极的效应。

由式（3）和 $P^F = 1 - e$，$P^E > P^F$ 等价于 $\dfrac{(1-p)(1-a^E)}{a^E + (1-p)(1-a^E)} > 1 - e$，将 $a^E \equiv \dfrac{e}{1 + p(w-1)}$ 代入不等式左边，化简可得：

$$p < \frac{w + e - 2}{w - 1} \tag{4}$$

令 $p^c \equiv \dfrac{w + e - 2}{w - 1}$，则 p^c 就是农业劳动力迁移到非农业部门时，可以提高农业部门受教育者比重的迁移概率临界值。

因此，$p < p^c$ 等价于 $P^E > P^F$，此时，农业劳动力的流出使农业部门受教育者所占的比重提高了，农业劳动力的迁移对迁出地的影响是有利的。这里，p^c 可能为负值，由式（5）可以看出，它关于 w 的一阶导数大于 0，关于 w 的二阶导数小于 0：

$$\frac{\partial p^c}{\partial w} = \frac{1 - e}{(w-1)^2} > 0, \quad \frac{\partial^2 p^c}{\partial w^2} = -\frac{2(1-e)}{(w-1)^3} < 0 \tag{5}$$

这表明，农业部门受教育者比重的迁移概率临界值 p^c 是非农业部门人力资本回报率的增函数。w 越高，迁移发生的概率越大。随着 w 的提高，迁出的农业劳动力会越来越多，之后，增加的速度会慢慢降低。也就是说，当非农业部门的工资率变化较大时，农业部门可以在具有较高人力资本的劳动者迁出变得对农业部门不利之前，"承担"较高的迁移规模。

同时，由式（2）可推出：

$$\frac{\partial a^E}{\partial p} = \frac{(1-w)e}{[1 + p(w-1)]^2} < 0 \tag{6}$$

可见，劳动者选择教育投资的临界学习能力会随着迁移概率的提高而下降，此时，会有更多的劳动力选择接受教育。这也说明，在一定范围内，迁移概率的提高能够提高农业部门受教育者所占的比重，从而提升农业部门的人力资本积累水平。

其次，当存在乡城劳动力迁移时，要提升农业部门的人力资本水平需要满足哪些条件？是否存在一个最优的乡城劳动力迁移概率？

这里的最优乡城劳动力迁移概率是指，当乡城迁移劳动力占农业劳动力的比重处于该值时，农业部门的人力资本水平最高。

我们已经知道，P^E 为存在乡城劳动力迁移时，未迁移劳动力中受教育者所占的比重。P^E 越大，表明农业部门滞留劳动力中的受教育者越多。然而，当 P^E 达到最大值后，农业劳动者的进一步迁出会带来部门劳动力中受教育者比重的降低。因此，这里的目标函数为：

$$\max_P P^E = \frac{(1-p)(1-a^E)}{a^E + (1-p)(1-a^E)} \tag{7}$$

将 $a^E \equiv \dfrac{e}{1+p(w-1)}$ 代入式（7），通过 P^E 相对于 p 的一阶导数条件，可以得到：当 $p = \dfrac{w-2+e}{2(w-1)} = \dfrac{1}{2}p^C$ 时，P^E 取最大值。可见，最优的乡城劳动力迁移概率为：

$$p^* = Max\left\{0; \frac{w-2+e}{2(w-1)} = \frac{1}{2}p^C\right\} \tag{8}$$

由此，我们可以分析以下几种情形。

第一，当 $p^C < 0$，也就是 $w < 2-e$ 时，$p^* = 0$，同时，对于任意一个小的、大于 0 的迁移概率值 p，都有 $p > p^C$，所以，$P^E < P^F$，说明乡城劳动力的迁移使农业部门受教育者所占的比重下降了，农业部门受到损失。事实上，这时候农业部门要想避免人力资本水平降低，就应实施阻止劳动力迁移的政策。

第二，当 $p^c > 0$，也就是 $w > 2 - e$ 时，$p^* = \dfrac{1}{2}p^c$，乡城劳动力迁移的过程可以分为 3 个时期。

在第一个时期，$0 < p < p^*$，因为 $p^* = \dfrac{1}{2}p^c$，所以 $p < p^c$，等价于 $P^E > P^F$。

这表明，乡城劳动力迁移存在时，农业部门劳动力的受教育程度比经济环境封闭的情况下要高。随着迁移概率的提高，选择进行教育投资的劳动力数量会增加，即在这一范围内，迁移概率的提高能够提高农业部门劳动力中受教育者所占的比重，直到达到这一比重的最大值 M 点（见图 3-3）。

在第二个时期，$0 < p^* < p < p^c$，此时 $P^E > P^F$，所以，当存在乡城劳动力迁移时，农业部门劳动力的受教育程度仍然比封闭环境下要高，但已经开始降低。此时农业劳动力迁出的整体影响仍然是正向的，农业部门的人力资本水平也会因此得到提升。然而，因为 $p^* < p$，此时农业部门若采取措施保留人才，可以降低受教育者比重降低的速度。

在第三个时期，$0 < p^* < p^c < p$，因为 $p^c < p$，所以 $P^E < P^F$。说明此时的乡城劳动力迁移已经使农业部门受教育者的比重不断降低，甚至比封闭环境下的水平还要低。该阶段的乡城劳动力迁移规模较大，已经不利于农村地区的人力资本积累。由于 $p^* > 0$，因此，在该阶段实施乡城劳动力迁移的禁止措施是一种次优选择。

图 3-3 描述了迁移发生时的农村人力资本积累模型，其中表明了乡城劳动力迁移发生的概率对农村人力资本积累有利或有害的区间。

由此可见，当农业劳动力的迁移概率满足一定范围时，乡城劳

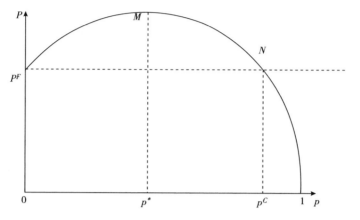

图 3 - 3 迁移发生的概率与农村人力资本积累

动力迁移与农村人力资本提升具有正向的强相关关系。在 $p^c > 0$ 的条件下，迁移概率（p）满足第一阶段和第二阶段的范围（$0 < p < p^c$）时，乡城劳动力迁移都是有利于农村地区的人力资本积累的，特别是当迁移概率 p 满足第一阶段的范围，即 $0 < p < p^*$ 时，迁移概率的提高能够提高农业部门劳动力中受教育者所占的比重，直到达到该比重的最大值，也就是说，在该区间内，乡城劳动力迁移能够对农村人力资本水平产生较强的提升作用。而随着迁移的持续进行，当 $p^* < p < p^c$ 时，农村人力资本积累水平在达到最高值后进入第二阶段，此时，农业部门劳动力迁出所带来的人力资本流失效应超过了部门内部人力资本投资增加所带来的人力资本提升效应，农村人力资本积累开始降低，但仍高于无迁移状态（封闭状态）下的农村人力资本水平。

第三节　乡城劳动力迁移与农村人力资本
积累一般关系的实践证据

西方国家已有的关于劳动力迁移的大量实证研究表明，劳动力迁移不仅能够促进农业部门生产力的发展，而且能够明显地推动农业部门人力资本的形成和积累。

第一，乡城劳动力迁移对迁移者个体的人力资本具有提升作用。早在 20 世纪 50 年代，舒尔茨就明确指出，"个人和家庭为适应不断变化的就业机会所进行的迁移是人力资本投资的主要方面"，"劳动力迁移与教育都是提高人力资本的途径，而且，在其中一方面的投资将提高在另一方面投资的收益"。[①] 列宁关于劳动力迁移对人力资本提升作用的认识则更为深刻。在他看来，劳动力迁移不仅开拓了农民的视野，而且提高了其文化素质，增强了农民的商品经济意识，因此，"尽管历史堆积在农民身上的苔藓如此之多，迁移却是防止农民'生苔'极为重要的因素之一。没有农民的流动和迁移，就不会有农民的开化。如果认为任何一所农村学校都能使人获得与在南方和北方、农业部门和工业部门、首都和偏僻地区时所得到的相同的认识，那就太天真了"，"迁移将农民从偏僻落后、被历史遗忘的穷乡僻壤解放出来，卷入现代生活的漩涡，它能够提高农民的文化程度和思想觉悟，使他们养成文明的习惯，怀揣文明的需要"。[②]

第二，乡城劳动力迁移对社会群体的人力资本具有提升作用。在西方国家的工业化时期，为了适应劳动力迁移的需要，很多国家都采取了各种帮助和推动农业劳动力迁移的政策措施，促进农业劳动力转移，鼓励农业部门自身的人力资本投资，其中包括为迁移劳动力的就业提供服务，加强对迁移劳动力的专业技能培训，以及对教育领域进行改革等。这里以德国和美国为例进行论述。

[①] 〔美〕西奥多·W. 舒尔茨：《论人力资本投资》，吴珠华等译，北京经济学院出版社，1990，第 31 页。

[②] 中央编译局：《列宁选集》（第 3 卷），人民出版社，1984，第 531 页。

在工业化时期，德国农村劳动力向城市的大举流动，使得对成年人的职业技术教育和青少年的基础教育成为更加迫切的问题。当时的德国高度重视劳动力迁移所带来的青少年基础教育问题，并注重在城市和农村（尤其是在农村）普及成人教育、职业技术教育和成人技术培训，而出于实际生产的需要，雇主也乐于为雇员的学习和专业技能培训投资。在德国的城市化进程中，农村劳动力向城市的集中为其现代教育的发展提供了肥沃的土壤。随着农村劳动力的迁移，农业部门通过加强对自身人力资本的投资，尤其是通过教育的发展，弥补了人才外流给农业部门带来的损失，而这实际上带来了农业部门劳动力素质的整体提高。这样一来，农业部门劳动力的迁移就具有了提升社会群体人力资本的作用。

在工业化初期的美国，由于轻工业在工业部门中占据主要地位，当时对劳动者的受教育程度和训练程度的要求并不高，工厂作业的技术要求较低，劳动者的工作以体力劳动和手工操作为主。因此，在19世纪以前，美国城乡居民的受教育程度的差距并不大，由农业部门转移到工业部门就业的人口较少，竞争也不激烈。19世纪以后，生产技术的革新带来了劳动生产率的大幅提高，工业部门尤其是制造业的技术复杂程度也随之提高，从而对劳动者的技能水平和素质提出了更高的要求。此时的农业部门转移人口在劳动力市场的就业竞争中逐渐陷入了劣势，主要表现在以下3个方面。

第一，美国的城市和农村在受教育程度上有了明显差距。表3-1显示了1930年、1959年美国城乡的文盲率对比情况，可见，在文盲率这一指标上，20世纪60年代以前，美国的城乡差距是较为明显的。

表 3 - 1　美国城乡文盲率对比（1930 年和 1959 年）

单位：%

年份 ＼ 文盲率	农村农业人口	农村非农业人口	城市人口
1930	6.9	4.8	3.2
1959	4.3	2.2	1.7

资料来源：李胜军：《美国农业劳动力转移》，《美国研究》1989 年第 3 期。

第二，刚进入就业年龄的青年人在当时的农业迁移劳动力中占多数。根据爱荷华州立大学的调查，1950 年，美国农业部门向非农业部门转移的劳动力中，25 岁以下的占近 60%。[1] 这些青年中的大多数由于缺乏专门培训和专业技术，因此较难在非农业部门就业。此外，在此时的农村迁移劳动力中，30% 以上是粗工或工头，这些劳动力大多缺乏专业技术，也较难在非农业部门就业。

第三，随着技术进步带来的产业结构升级，非农业部门从业者的知识和技能结构都发生了变化，非熟练工人和熟练工人所占的比重也出现了明显变化。对脑力劳动要求较高的岗位逐渐增多，对体力劳动要求较多的岗位越来越少。这样，非农业部门中适合农业迁移劳动力的岗位就更加有限了。

1910 年后，美国农业劳动力转移的困难，还体现在农业部门的失业率长期高于非农业部门。据统计资料记载，"1948 到 1970 年期间，只有 1949 年农业部门的失业率比非农业部门低 0.2 个百分点，有 4 年前者高出后者 1 个百分点，而其余的 18 年，美国农业部门的失业率都比非农业部门的综合失业率高出 2 个百分点以上"。[2]

---

① 李胜军：《美国农业劳动力转移》，《美国研究》1989 年第 3 期。

② 李胜军：《美国农业劳动力转移》，《美国研究》1989 年第 3 期。

大萧条后，为了解决农业部门剩余劳动力转移的问题，美国政府出台了一系列鼓励和刺激性的经济政策，其中很重要的方面就是帮助和促进农业人口转移，刺激和推动农业部门自身的人力资本投资。首先，通过扩大政府支出，直接吸收农业剩余劳动力就业于新实施的公共工程、新创办的企业和社会团体，使他们已有的专业技能得到巩固；其次，与经济结构的转变相一致，强化对农业劳动力的专业技能培训，提高他们的能力和素质，以便适应非农业部门的要求。20世纪50年代后，为了促进农业劳动力转移，美国政府颁布了一系列法案，并成立了相关机构。自此，美国的农业劳动力转移开始步入新的阶段。

1962年颁布的《人力发展训练法案》，由美国劳工部具体执行，这项法案旨在增加农业劳动力的职业技能培训机会，从而提高农业部门的就业率。该法案对农业部门的失业者进行了较严格的界定，将家庭年收入少于1200美元的农业家庭的成员归为失业者。

1964年颁布的《就业机会法案》，包括了支持职业技术教育、援助就业、加强卫生保健的基础设施建设、为农村妇女和青年提供培训和受教育机会等方面的条款。1964年，由美国政府组织的青年待就业人员①，全部接受了相关的培训，其中，具有农业生产技能和非农业生产技能的各占50%左右。该法案还为低收入的农业家庭提供贷款（最高为2500美元），以帮助他们开办非农业企业或者参加合作社经营。此外，政府还要向农业部门的失业者提供迁居费用方面的资助。

在这些政府计划和立法的作用下，美国农业人口转移的进程大大加快。20世纪60年代以来，随着农业剩余劳动力转移的加快，美

---

① 指年龄为16~21岁的青年。

国农村居民的平均受教育程度有了显著提高。仍以爱荷华州为例，"1960 年，农村居民的平均受教育年限与城市的差距是 1.5 年，而 1970 年，这一差距已缩小到了 0.1 年"。①

当然，在美国，政府的教育和培训计划有很多都是直接服务于农业的，或者说，是服务于现代大农业的。因此，美国的农业劳动力转移并不是指他们完全脱离了农业部门。特别是 20 世纪 50 年代以来，随着工业化和生产经营专业化进程的加快，农业生产也开始向专业化、社会化转变，生产的分工越来越细，一些原本属于农业的生产部门逐步独立出来，成为专业部门。由农业衍生出来的服务业迅速增多，逐渐形成了"供应—生产—加工销售"这样一个有序而庞大的农产品有机体系。据统计，1984 年，大约有 270 万名劳动力从事直接的农业生产，大约有 200 万名劳动力就业于农业产前部门，而大约有 1600 万名劳动力就业于农业产后部门。这样，所有与农业相关的部门吸收了约 2100 万名劳动力，占当年美国劳动力总数的 20%，该数据尚不包括农业部门的大量临时工人。②

这不仅是美国农业劳动力转移中值得借鉴的部分，也反映了随着农业劳动力转移的加快进行，农业部门加强了对自身人力资本的投资，以弥补高人力资本水平劳动力外流所带来的损失，农业部门的整体人力资本水平提高了，劳动者更加适应农业部门的分工细化、专业化和社会化，农业部门不再专注于初级农产品的生产，而逐渐发展成为一个环环相扣、不断延伸、与市场联系紧密的强大部门体系。这样，农业劳动力的转移既是工业化发展的一个结果，也是工

---

① 〔美〕罗得菲尔德等：《美国的农业与农村》，安子平、陈淑华等译，农业出版社，1983，第 75 页。

② 李胜军：《美国农业劳动力转移》，《美国研究》1989 年第 3 期。

业化、城市化进程的一股推动力量。工业化使传统农业向现代大农业转变，而从传统农业中转移出的大批劳动力，有相当大一部分转移到了非农业部门，也有相当大的部分就业于现代大农业，这当然离不开农业部门自身人力资本水平的提高。农业生产力水平的提高、生产部门的专业化以及分工的细化，需要以劳动者自身素质和技能的提高为前提，而政府对农业劳动力转移的积极推动和对农业部门人力资本投资的有效激励带来了农业部门整体人力资本水平的提升，这是一个良性推动的过程。

第四节　理论分析基础上的结论性启示

一　乡城劳动力迁移下的农村人力资本提升过程

第二节的模型分析表明，当农村劳动力的迁移概率满足一定范围时，乡城劳动力迁移能够提高农业部门劳动力的受教育程度，从而促进农业部门的人力资本积累。前者对后者的这种正向的强相关作用，实际上解释了乡城劳动力迁移下农业部门自身人力资本的提升过程。

在引入人力资本要素的刘易斯－拉尼斯－费景汉模型中，在其他条件给定的情况下，随着农业部门具有较高人力资本的劳动力转移到工业部门，农业部门的总产量曲线（TP）向下旋转，使农业产品稀缺点和市场化点的重合被延迟。如前所述，这时，农业部门要获得持续发展，需要同时具备两个条件：①加快农业技术进步，以与高人力资本禀赋的劳动力流出相适应；②农业部门的人力资本积累率高于因高人力资本劳动力流出所产生的部门人力资本下降率。由此可见，在经济环境开放的条件下，劳动力能够自由流动，劳动力市场完全竞争，农业部门的生产向专业化、市场化转变，那么此时，伴随着劳动力向非农业部门的转移，农业部门人力资本的积累是一个动态的过程。

在乡城劳动力迁移对农村人力资本积累的强相关作用下，农业部门人力资本动态提升的过程主要包括以下 3 个方面。

第一，基于微观视角，具有较高人力资本水平的农业劳动力向非农业部门迁移，能够带来农村家庭人力资本投资的增加。

大部分非农业部门都存在一定的受教育门槛，对就业者的教育背景和技能素质的要求更为严格。农村家庭劳动力成员要想在非农业部门找到工作，具备从事非农业工作的资格、素质，就需要家庭增加对其成员的教育投资，使其拥有更多的知识和技能，拥有更高的人力资本水平。

具有较高人力资本的农业劳动力在城市非农业部门就业，所获得的非农业收入提高了农村居民家庭的收入水平。外出劳动力往往是家庭中受教育程度、技能水平等相对较高的，这部分劳动力外出工作的收入往往比留乡务农的收入更高，加上很多劳动力的迁移具有"两栖"特征，这就使农户家庭的收入来源更加多元化。此外，外出劳动力对家庭的汇款，能够用于购买生产资料、扩大家庭的农业生产等，从而进一步提高家庭收入，而收入的提高又能够增加家庭对人力资本的支出，从而形成劳动力迁移与家庭人力资本积累的良性循环。

第二，基于宏观视角，乡城劳动力迁移能够直接推动农村人力资本提升。一方面，农村劳动力由农业部门转移到工业部门，使农村的人均土地占有率得到了一定改善，提高了规模效益以及边际劳动生产率，进而带来了农村人均收入的整体提高。另一方面，随着劳动、资本之比的下降，人力资本和物质生产资料作为农业生产中的基本投入要素的重要性进一步增强了。农业部门要想获得持续的发展，就要对生产和管理实施变革，加大研发投入，引入先进的管理理念和技术设备。这对劳动力的技能、协调组织能力、创新思维和理念以及学习能力等都提出了更高要求，而这一系列环节又进一步提升了农村的人力资本水平。

第三，除工资回报外，乡城迁移劳动力在工业部门就业，还能够拥有额外的"技能性收益"①、先进的思想理念、城市精神文化氛围的熏陶以及思想、意志的成熟等，并有机会将这些额外的收获带回农村，为农村的教育、专业技能培训、农村整体精神文明的提高以及经济发展等人力资本积累的重要方面增添新的动力，这实际上是一种不需要物质投入的、无形的农业部门人力资本提升途径。

二 乡城劳动力迁移、农村人力资本提升与农业的进一步发展

如前所述，随着农业部门具有较高人力资本的劳动力转移到工业部门，农业的持续发展不仅需要技术的变革和创新，同时需要农业劳动者具有较高的素质和人力资本水平。

当劳动力由农业部门流出时，农业产品稀缺点和农业部门市场化点的重合是以农业生产技术的进步为前提的，其中涵盖了先进生产工具及设备的引进，先进农业技术、管理理念的采用和推广等，而这些都对劳动者的人力资本水平提出了更高的要求。同时，劳动者的人力资本水平也对农产品的质量甚至农产品的市场份额产生了影响。因此，农业持续发展的一个重要决定因素就是人力资本提升。

---

① 刘叶：《选择性迁移、人力资本深化与中国农业发展》，陕西师范大学博士学位论文，2009。技能性收益是指在工业部门从事工作时，同时获取了就业技能及相关的知识。

在刘易斯－拉尼斯－费景汉模型中，农业产品稀缺点和农业部
门市场化点的重合被认为是城市化进程完成的标志。在此之前，农
业部门劳动力的流出会引起农业生产率的下降。当考虑人力资本因
素后，具有较高人力资本水平劳动力的迁出，会使农业部门的人才
流失更为严重。此时，在这两股阻力的共同作用下，农业部门的持
续发展更加艰难。

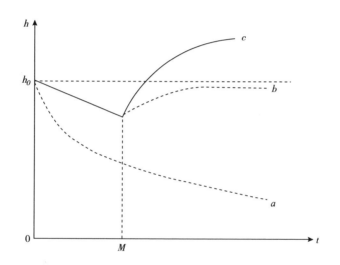

图 3－4　乡城劳动力迁移下的农业部门平均人力资本水平变化

在图 3－4 中，随着具有较高人力资本的农业劳动力迁出，农业
部门的平均人力资本水平可能有两种变化情形：①如图中虚线 a 所
示，随着高人力资本劳动力的迁出，如果农业部门没有及时对滞留
劳动力进行人力资本投资，那么农业部门人力资本水平将逐渐降低，
这对农业部门的持续发展十分不利；②当农业劳动力迁出后，如果
农业部门通过各种促进政策，及时加强对人力资本的投资，并实施
生产和管理的变革，鼓励技术创新，从而弥补迁移初期人才流出所
造成的负面效应，那么从长期来看，农业部门人力资本投资所产生
的人力资本提升效应能够抵消或超过劳动力迁出所带来的人力资本

降低，从而实现劳动者综合素质、知识、技能的积累，即人力资本提升。

在图 3-4 中，纵轴表示农业部门人力资本的平均水平，横轴表示迁移所经历的时间。其中，h_0 为迁移发生前的农业人力资本的平均水平。在图 3-4 中，农业人力资本平均水平在到达 M 点后，是否能够达到（如虚线 b 所示）或超过（如虚线 c 所示）h_0 的水平，部门内部人力资本投资对人力资本的提升效应具有重要的决定作用。如果滞留劳动力的平均人力资本积累率高于平均人力资本下降率，即正向效应超过负向效应，则会产生人力资本提升效应，如虚线 c 所示，并逐渐趋近于非农业部门的人力资本水平，农业部门进一步发展。然而，当农业部门的人力资本投资能力有限或效率不高时，此时的投资所产生的人力资本提升效应发挥得并不充分，那么 h 就可能沿着虚线 b 发展，在长期内仍无法超过 h_0。可见，当存在乡城劳动力迁移时，农业部门的人力资本投资十分关键。

综上所述，乡城劳动力迁移时，通过农业内部的人力资本投资弥补人才外流带来的部门人力资本降低，对于农业部门的持续发展十分重要。超过 M 点后，高人力资本劳动力的迁出就不会导致农业产品稀缺点和农业市场化点重合的延后。此时，随着农业技术的进步和人力资本水平的不断提升，农业部门将获得进一步的发展。

第4章　我国乡城劳动力迁移的特殊路径与农村人力资本现状

在第3章中，在对已有理论模型进行分析和扩展的基础上，我们已经得出了乡城劳动力迁移与农村人力资本提升在理论上的一般强相关关系，即在一定范围内，乡城劳动力迁移能够提高农业部门劳动力的受教育程度，从而促进农业部门的人力资本积累，也就是说，此时的农业部门自身具有内在的人力资本提升机制。

然而，要对我国乡城劳动力迁移与农村人力资本提升的关系进行分析，首先需要着眼于我国的现实情况、体制转轨阶段的具体特征以及我国乡城劳动力迁移在不同历史阶段的特点，进行有针对性的具体分析，从而为以历史数据为依据的实证研究奠定基础。事实上，与世界其他国家相比，我国独特的二元经济结构和工业化、城市化进程决定了我国的乡城劳动力迁移具有鲜明的中国特色，因此，与西方国家的劳动力转移过程相比，我国的乡城劳动力迁移遵循了一条具有鲜明中国特色的特殊路径，这进而导致了我国的乡城劳动力迁移与农村人力资本提升的强相关关系表现得并不明显。

第一节　改革开放以来我国乡城劳动力迁移的历史阶段

一　农村改革背景下"离土不离乡"迁移模式的发展（20世纪70年代末至20世纪80年代末）

我国从1978年起实行改革开放政策，确立了经济发展的核心地位，开始了由传统的计划经济体制向社会主义市场经济体制的转轨。为了降低改革的风险，我国采取了渐进式改革的战略，"摸着石头过河"，先乡村后城市，先易后难，将市场化的改革逐步推进，这也是由当时的历史背景和我国的特殊国情所决定的。对农村地区的改革，拉开了我国乡城劳动力迁移的序幕，为其奠定了牢固的制度基石。在此期间，旨在促进农村经济发展和农业劳动力向非农业部门转移的政策措施陆续出台。

首先是对农村基本经济制度的改革。这项改革废除了旧的人民公社制度，代之以全新的家庭联产承包经营责任制，这是一项具有里程碑意义的改革。在家庭联产承包经营责任制下，农村家庭能够自主地决定资源配置方式，并从事农业的生产、经营，还能够直接获得其边际劳动付出所带来的剩余。因此，这项经济制度以家庭为基础，为旧体制下长期难以解决的激励问题提供了有效的解决路径，更加适应市场经济的发展要求。① 此外，对农产品价格的市场化改革也在逐步进行。这些经济制度改革不仅提高了农民的生产积极性，大大提高了劳动生产率，也对乡城劳动力迁移产生了一些积极影响。第一，提高后的劳动生产率解放了以往旧体制下隐含的一部分农业剩余劳动力，而这部分劳动力需要前往非农业部门就业；第二，农业产量的提高和农业剩余的增加为农村家庭劳动力的迁移选择提供了必要的物质条件。同时，已有研究表明，"到了 1984 年，我国粮食短缺的时代已经基本结束"，② 此时，经济发展不再受到农产品供给的限制。

---

① Meng, Xin, *Labor Market Reform in China* (Cambridge, UK: Cambridge University Press, 2000), p. 25.

② 陈浩:《农村劳动力非农就业研究——从人力资本视角分析》，中国农业出版社，2008，第 78 页。

其次是对农村产业结构的改革，打破原来的种种限制，发展非农产业。第一是促进农村工业的发展。1984 年，"社队企业"更名为"乡镇企业"，其合法地位得到了确立，其发展得到了政府的大力扶持。由此，乡镇企业迅速发展，成为吸纳农业剩余劳动力的重要力量。更多的农业劳动力"离开田间，来到车间"，这便是改革开放以来乡城劳动力迁移的第一次热潮。第二是对农村地区的第三产业逐步放松限制。1983 年，农村家庭开始被允许运输和自主销售农产品，这样，异地经营农产品开始具有了合法性。1984 年，对乡城劳动力迁移的限制进一步放宽，很多劳动力可以就近在小城镇就业。1988 年，农民首次被正式允许自带口粮进城经商和就业。[①]

然而，这一阶段的体制改革主要是针对农村地区，对城市非农业部门的改革还未完全开始，因此，对于非农业部门来说，计划经济的身影仍然存在。在这一背景下，城市和乡村分割明显，种种限制劳动力流动的制度壁垒，如户籍制度、社会福利保障制度、计划就业制度等，进一步约束了乡城劳动力迁移的地域选择，农村劳动力向非农业部门的迁移主要呈现"离土不离乡"的模式，也就是说，农村劳动力大部分仍然就地或就近在乡镇企业或小城镇务工，并非迁往异地就业。

这一阶段乡镇企业的发展，能够在一定程度上解释"离土不离乡"模式为何出现。然而，制度因素对农村劳动力异地迁移的限制，则是其背后更为深刻的原因。当然，异地迁移需要以必要的知识、技能、心理素质等为基础，[②] 这些人力资本准备的缺乏也在一定程度

---

① 蔡昉、都阳等：《劳动力流动的政治经济学》，上海三联书店，2003，第 9 页；陈浩：《农村劳动力非农就业研究——从人力资本视角分析》，中国农业出版社，2008，第 79 页。

② 迁移者的人力资本准备包括心理准备、文化素质准备、劳动技能准备等方面。

上限制了其跨地区就业。

二　城市改革背景下"离土又离乡"迁移模式的发展（20世纪90年代初至20世纪90年代末）

20世纪90年代初，建设有中国特色社会主义市场经济体制的思想战略得到了进一步确立，我国的改革开放和经济发展进入了一个新的阶段。在此期间，国有部门的经济改革逐步开始进行，随着一系列改革措施的出台和实施，计划经济体制的旧框架开始被彻底打破。

首先，激励和促进非公有制经济发展。我国先后出台了一系列旨在消除对非公有制经济限制和歧视的政策，[①] 同时通过多项举措推动股份制经济、外资经济、民营经济等非公有制经济形式的发展，直接扩大了乡城劳动力迁移的范围。

其次，深化对国有企业的改革。这其中主要是针对国有企业的产权制度和管理体制改革，提出国有企业改革和发展的目标是建立与市场经济要求相一致的现代企业制度，将旧经济体制背景下的国有企业转变为"产权清晰，责权明确，政企分开，管理科学"的市场经济主体。

再次，进行社会福利制度改革和就业体制改革。与国有企业改革的步伐相适应，我国的社会保障和就业模式也逐渐由传统的福利和计划安置模式向现代社会福利和就业的市场化模式转变。在就业体制改革上，十四大召开后，以劳动力市场的培育、发展为出发点，

---

① 根据洪银兴1996年的研究，早在20世纪80年代，我国已经开始允许非公有制经济存在，但是种种歧视性政策仍然存在，其中突出的便是"所有权歧视"，即国有企业在税收、信贷、政策审批等方面享有非公有制企业无法获得的种种优惠条件。一般认为，这是政府对国有企业"父爱主义"偏爱的结果。

我国就业体制改革的目标和方式进一步明确，即"建立起国家宏观调控、城乡协调发展、企业自主用人、劳动者自主择业、市场调节供求、社会提供服务的新格局，实现充分就业和劳动力的合理配置"。① 这种市场化的就业思路和取向，为城市和农村劳动力市场的融合奠定了必要的基础。在社会福利制度改革上，随着商品供给越来越丰富，以及卫生、教育、社会保障等领域的改革相继实施，与市场经济相适应的现代社会保障制度取代了原先的计划福利，由此，城市和农村居民的制度性不平等逐渐淡化，城乡分割的格局也有所改善。

最后，各地区政府对劳动力跨地区迁移的政策限制有所松动。在户籍制度改革领域，"蓝印户口"开始在一些城市推行，户籍限制在一些中小城镇被逐步放开，农村居民可以通过多种途径，如置业、投资、购买等，获得城镇户口。1998 年，部分社会群体的迁移被赋予了更大的便利，比如，子女能够随父亲或母亲获得户籍，老人能够随其子女取得城镇户籍，夫妻双方分居两地的能够进行户籍转换等。尽管部分政策措施未能得到较好的执行，但仍然为劳动力的异地迁移提供了制度和法律依据，这是我国政府在户籍制度改革领域迈出的一步。

以上几方面都是乡城劳动力迁移的正向拉动因素。自 20 世纪 90 年代以来，随着市场竞争的日趋激烈以及产业结构的升级，乡镇企业对当地劳动力的接收能力有所降低，这在某种意义上成为乡城劳动力异地迁移的推动因素。更可贵的是，通过上一阶段乡城劳动力迁移的具体实践过程，很多农村迁移劳动力已经积累和提升了在非

---

① 陈浩：《人力资本与农村劳动力非农就业问题研究》，南京农业大学博士学位论文，2007。

农业部门工作所应具备的知识、技能等人力资本要素，大大提高了其在城镇非农业部门从业的成功率。所以，该阶段的乡城劳动力迁移表现为"离土又离乡"的迁移模式，大量农村劳动力从农村前往异地城镇就业，出现了我国特有的"民工潮"现象。

根据中国社会科学院社会学所的调查和推算，1995年10月，有近3000万名跨省（区）流动的农民工，比上一年同期上升了约20%。1995年，前往异地打工的农村劳动力约为7000万人，截至1999年，全国范围内已有8000万名农民工在异地经商务工。①

在这一时期，虽然在城市改革的大背景下，乡城劳动力迁移的宏观政策环境有所改善，但随着迁移的进行，许多制约迁移可持续发展的潜在问题相继出现。

首先，各地政府没有形成对待乡城劳动力迁移的统一政策立场。由于迁移规模的扩张以及地区之间收入差距的扩大，农村迁移劳动力的流入地区逐渐向一些就业机会较多、工资水平较高、经济较发达的东部沿海城市集中。大批外出务工人员的涌入，产生了一些经济、社会问题，如交通运输的拥挤。在20世纪90年代中期我国紧缩的宏观调控政策背景下，外来劳动力的涌入使本地的就业竞争更为激烈，一些迁入地政府为保障本地居民就业采取了一系列歧视和限制外来劳动者就业的地方保护性政策。比如，通过各种收费和管理措施提高劳动力迁移的费用，规定一些行业、部门不能雇用外来劳动力，甚至鼓励本地企业不用外来人员，而只雇用本地的下岗职工，等等。这些保护性措施不仅增加了乡城劳动力迁移的风险和不

---

① 王洪春等：《中国民工潮的经济学分析》，中国商务出版社，2004，第33页；陈浩：《农村劳动力非农就业研究——从人力资本视角分析》，中国农业出版社，2008，第82页。

稳定性，也使当时劳动力迁移的兼业和短期化特征更为明显，不仅不利于"农民变市民"目标的实现，更不利于农业的长远发展和农村的繁荣。

其次，随着我国经济的发展和生产力水平的提高，这一时期的乡城劳动力迁移对农村劳动力的人力资本水平提出了更高的要求。非农业部门劳动力市场的逐渐成熟使劳动市场的就业竞争加剧，因此，劳动者自身的人力资本水平就显得更为重要。传统的就业技能和基础的操作本领开始不再适用于采用高技术的生产领域和部门，这使非农业部门的就业具有一定的"技能偏向型技术变化"色彩（Skill - Biased Technological Change，SBTC），也导致乡城劳动力迁移呈现"基于人力资本水平的二元分化"格局。一方面，高素质、高技能水平的农村劳动力较易获得工作机会和相对较高的收入，提升人力资本水平的能力较强，进而能更好地从事非农业部门的工作，形成一种良性循环；另一方面，素质、技能水平较低的农村劳动力则较难在非农业部门工作，其收入水平也相对较低，提升人力资本水平的能力较弱，从事非农业部门工作的能力也较弱，有的不得不返回农业部门，呈现一种恶性循环。20 世纪 90 年代后期，我国农村劳动力在非农业部门的从业呈现鲜明的两极分化，劳动者在知识水平、专业技能和素质上的差异则更加明显。

三　城乡统筹改革背景下的乡城劳动力迁移（2002 年以来）

进入 21 世纪以来，在科学发展观的大背景下，缩小城乡之间、地区之间的经济发展差距，增加农民收入，促进农村经济繁荣，已经成为推进我国城市化进程和促进城乡协调发展的关键，而乡城劳动力迁移的顺利推进，则是其中的重要组成部分。在这一时期，我国政府侧重于从制度层面以及人力资本积累、投资的角度入手，大力推进乡城劳动力迁移的有效进行。

第一，对阻碍生产要素合理流动和建立城乡统一市场的种种制度性障碍进行深入改革。一些制约农村劳动力合理迁移的"有形门槛"正逐步被拆除。在户籍制度上，目前，一些省份已正式宣布户口登记不再有农业户口和非农业户口的区别，统一为居民户口，如江苏、广东、湖南等。目前，两者的区别在全国范围内也正在逐渐淡化或取消中。部分城市对农村劳动力的入户门槛大大降低，如重庆、成都、宁波等。不仅城镇劳动力市场开始对农村劳动力全面放开，一些维护乡城迁移劳动力合法权益、消除就业不平等的相应政策也在各地陆续出台。例如，农民工被雇用时须签署劳动用工协议，对农民工的工资以及社会保险构建保障体系或进行试点改革，对劳动争议建立仲裁体系，等等。[1]

第二，我国政府从 2003 年底开始实施面向乡城劳动力迁移的"阳光工程"，力图解决乡城劳动力迁移中的劳动者技能、素质水平较低等人力资本问题。中央政府要求农业部、劳动和社会保障部等六大部委协同实施和开展。针对乡城迁移劳动力的培训工作"阳光工程"的长期目标是："按照城乡经济社会协调发展的要求，把农村劳动力培训纳入国民教育体系，扩大培训规模，提高培训层次，使农村劳动力的科技文化素质总体上与我国现代化发展水平相适应。"[2]

---

① 陈浩：《农村劳动力非农就业研究——从人力资本视角分析》，中国农业出版社，2008，第 84 页。

② 百科知识库：阳光工程，http：//www. zsku. net/citiao/sort0611/sort0615/20421 21353942. html；中国农村劳动力转移培训网：阳光工程，http：//www. nmpx. gov. cn/yangguanggongcheng/default. htm。

到目前为止，以上改革措施尚在实施和执行过程中，其成效有待检验，但不可否认的是，有针对性的改革实践更致力于解决迁移中存在的深层次制度问题，使新时期的乡城劳动力迁移开始向纵深推进。

回顾改革开放以来我国乡城劳动力迁移的发展历程可以发现，乡城劳动力迁移与制度变迁、人力资本积累是动态相关的，三者紧密联系，相互影响。但从具体阶段来看，不同时期，三者的相关关系又具有一定的差异。鉴于我国的特殊国情和改革的艰难性，在一定阶段，制度因素对乡城劳动力迁移的特征、范围等的影响较为明显。随着我国市场经济的逐渐完善、改革的不断深入以及相关政策环境的日益稳定，乡城劳动力迁移的外部制度环境将更加完善，制度变迁的影响会有所减弱。然而，乡城劳动力迁移与农村人力资本积累的相关关系却会不断增强，农业部门劳动者的技能、素质和竞争能力等人力资本水平将成为影响其在非农业部门的就业情况及所获就业回报的关键因素。同时，随着具有较高人力资本水平的劳动力转移到非农业部门，农业部门自身的进一步发展需要技术革新和更高的内在人力资本水平，从而与高人力资本劳动力的流出相适应，这样，乡城劳动力迁移下的农村人力资本积累就成为我国促进农业现代化、统筹城乡发展以及推进城市化进程的关键力量。

第二节　我国乡城劳动力迁移的特征

一　与国外乡城劳动力迁移的比较

与西方国家不同，我国大规模的乡城劳动力迁移始于20世纪80年代，而西方国家的乡城劳动力迁移大体上发生在工业革命之后，如最早出现资产阶级革命的英国。所处历史阶段的不同，带来了国内外乡城劳动力迁移起因的差异。

学术界普遍认为，大多数西方发达国家大规模的乡城劳动力迁移，源于工业革命所带来的社会经济结构的变革，尤其是发生在这些国家的农村经济结构的变革。在工业革命中，手工和体力劳动逐渐被大机器生产所代替，手工工场和家庭作坊逐渐被规模不等的工厂、车间所取代，从而带来了经营理念和管理手段的巨大变革，也极大地提高了工业部门的劳动生产率和总产品数量，进而使生产规模不断扩大，生产部门和产品种类不断延伸。制造业的迅速崛起推动了采矿业及其他原料部门、动力工业、建筑业、建筑材料工业等行业的大发展，进而带动了联系产业部门与消费者的其他服务业和商品流通领域的繁荣。工业部门逐渐代替了农业部门在国民经济中的基础性地位，使农业所占的比重迅速下降。

与这种产业结构上的变革相适应的，便是农业部门的劳动力向工业部门和第三产业部门的转移。工业革命以前，大部分手工业分布于农村，并与农业生产联系紧密，处于一种自给自足的经济形态。而工业革命以蒸汽机的发明和改良为标志，工业生产不再仅仅依赖于风力、水力等自然动力，工业部门生产效率的提高使各个行业和部门更加相互依存，既需要资源和人力的投入，需要商品的流通和销售，也需要动力产业、交通运输业、金融服务业、科技信息产业等的有效配合。由此，工业部门的资源配置逐渐由分散转向集中，由农村转移到城市。同时，机器大工业的冲击使大量农村手工业者失业，逐利的天性使商业越来越向集中化的城镇聚拢，同行政部门、司法部门、医疗卫生部门、文教部门、科研部门等公共服务部门一起，成为城市的重要组成部分。

第二、第三产业向城市的聚集需要快捷、便利、廉价的交通工具作为保障，因此，交通运输业的发展既是产业向城市集聚的必要条件，也是实现农业部门劳动力向工业部门转移的必要条件，否则，制造业就很难摆脱原料产地和商品流通市场的束缚，城市居民的生活必需品就不能得到及时的供应，而农业部门劳动力的流动也将受到地域的限制。

除此之外，农业部门自身的变革也是西方国家大规模乡城劳动力迁移的重要因素。虽然代表资产阶级利益的圈地运动的残酷性不可否认，然而，农奴制度及农民人身依附关系的彻底废除、农村公用土地残余的消失以及土地私有权的最终确立，都是农业部门生产关系变革和生产力发展的前提条件。比如法国大革命时期的土地立法，英国资产阶级革命时期对骑士领地制度的废除，德国对农奴制的废除等，都为这些国家资本主义生产关系的确立和发展以及农业的规模化生产经营扫清了障碍。

由此可见，发生在西方国家工业化初期的乡城劳动力迁移所暗设的一个前提是，城乡差别虽然存在，但农业部门就业较充分，且农民从事农业生产的收入不低于工业部门的收入水平。因此，具有乡城迁移动机的只是一部分农民。对于很大一部分拥有土地的农民来说，向工业部门转移并不是一种必然的选择；而对于失地破产、无法再从事农业生产的农民来说，向工业部门转移则是必然的。

所以，在西方国家的工业化和现代化进程中，乡城劳动力迁移的发生具有两个前提条件。第一，农村内部存在因占有土地不平等而形成的社会分化。一部分农民占有较多土地，而另一部分农民则失去或没有土地，有的甚至连受雇于农业部门的机会都没有。第二，在分化的农民中，占有较多土地者并不具备向工业部门迁移的强烈动机，这部分人的收入水平与工业部门就业者的收入差距并不大。当同时具备这两个条件时，农业部门的劳动力才被划分为"剩余"

和"非剩余"两部分,"剩余"劳动力具有转移到工业部门的动机,这样,迁移到工业部门的是真正的农业部门的剩余劳动力。

与西方国家不同,我国乡城劳动力迁移的形态具有特殊性。首先,在土地平均分配制度下,农村因占有土地不平等而形成的社会分化程度不高,这样,农业部门劳动力在形式上就很难被区分为"剩余"和"非剩余"部分。因此,按照上述一般情形,我国农业部门自身吸纳的1.7亿农民应该没有强烈的迁移动机。与理论相悖的是,在我国,农业部门与工业部门的收入差距明显,不仅"剩余"部分的劳动力要向外流动,"非剩余"部分的劳动力也有强烈的迁移动机。目前,农业劳动力短缺的现象已经存在于很多农村地区,以致土地荒芜。即便是未荒芜的土地,也多数由老人和妇女耕种。

其次,在我国人地关系高度紧张的基本国情下,耕地的生产功能逐步让位于其所承担的对农村人口的福利保障功能。农民已将耕地看作生存资料,耕地是其赖以生存的基础,而不是西方经济学中体现市场资源配置效率的生产要素之一。据统计,在我国所有省份中,人均耕地面积少于1亩的约占1/3,在所有县(区)中,人均耕地面积少于0.8亩的约占1/3,这个水平已经低于联合国确定的最低生存保障线。也就是说,这样的人地比例,已经使我国1/3地方的土地不足以维持农民的生存。在耕地福利保障化趋势下,公平原则高于效率原则。我国大量的农村剩余劳动力恰恰产生于高度紧张的人地关系,而小农经济制度又使这些剩余劳动力被滞留在越来越狭小的土地上。根据对乡城迁移劳动力的调查,迁移劳动力对具体的土地与劳动力的关系并不具备清晰的认识,也并没有形成清晰的"农村剩余劳动力"的意识,比如家中从事农业耕种的有几个人,那么赋闲在家的有几个人。也就是说,其迁移行为的产生主要源于对农业部门和工业部门收益的比较,也就是受"种地不挣钱"观念的支配。所以，虽然人地关系高度紧张导致大量剩余劳动力存在于农业部门，但这样的剩余劳动力并不表现为一部分农业劳动力的失业，而是表现为农业部门的普遍就业不足，也就是说，每个劳动力都是潜在的迁出者。[①] 从微观层面看，这种乡城劳动力迁移并不直接反映大量农业部门劳动力的剩余状态，而恰恰反映了农业部门劳动力大量剩余状态下的普遍贫困化。

由上述比较分析可以看出，我国的乡城劳动力迁移与其他国家具有显著差异。这主要与我国特殊的国情、经济发展阶段和基本的土地制度有关。在人地关系高度紧张的基本国情制约下，我国目前实行土地平均分配制度基础上的家庭联产承包经营责任制，在这一制度下，每个农业部门的劳动力所拥有的耕地面积很少，因而形成的便是极为平均却又小而分散的经营方式，难以做到规模经营。由于农业部门与非农业部门收入差距显著，在没有其他收入来源的情况下，农民仅从事小规模的农业生产，其收入便处于一个相对较低的水平。此外，在大多数西方国家，仅有不到 10% 的人口从事农业生产，也就是说，平均一个农村劳动力的农业产出就可以为几十甚至上百人提供供给。即便如此，农民也要依靠国家的福利政策，取得与非农业部门从业者大体相当的收入。相比之下，我国约 2/3 的劳动力就业于农业部门，农业总产出大体仅能满足本国需求，也就是说，我国的农业生产仍然属于自给自足型。根据王世清的计算方法，1995 年，我国粮食总产量为 9200 亿斤。按照 8 亿农民、人均消费 500 斤口粮计算，也就是减去 4000 亿斤，再减去农户家庭饲养牲畜的其他用粮，一年的商品粮实际供给约为 1700 亿斤，这其中约 2/

---

① 　许可：《我国农村剩余劳动力转移研究》，山东大学博士学位论文，2005。

3 由国家收购。[①] 由此可见，我国的农业部门实际上较难盈利，这一局面的后果是带来了很多农村地区的"普遍贫困化"。[②] 而大量农村劳动力向城市非农业部门的转移，直接反映出了这一现实。

二 20世纪80年代我国乡城劳动力迁移的特点

在西方国家，工业化与城市化基本上是同步推进的。然而，由于国情的不同，我国的工业化与城市化并不同步。在20世纪80年代我国工业化进程稳步推进的同时，我国的乡城劳动力迁移主要表现为就地转移，即在乡村社区内部大力发展非农产业，使乡镇企业得到了迅速发展。这一时期，乡城劳动力迁移的主要特点表现在以下6个方面。

1. 就业部门的倾向性

就地转移的劳动力主要就业于农产品加工之外的部门，到1987年，乡城迁移劳动力中就业于农产品加工、纺织、服装等部门的仅占6.27%。

2. 劳动者的兼营性

大部分进入非农业部门就业的迁移劳动力并未彻底放弃土地承包权或完全脱离农业，而是在农业与非农业部门之间来回穿梭。因此，大部分迁移劳动力属于季节性的迁移，农忙时节在家务农，闲时则外出务工。据统计，近60%的乡城迁移劳动力具有兼营性的特点。

3. 乡镇企业的生产力水平较低

主要表现在，就业于乡镇企业的劳动力的专业技术水平较低，

---

① 王世清：《农民种粮：一年收入多少钱》，《思想理论动态参阅》2000年第9期。
② 许可：《我国农村剩余劳动力转移研究》，山东大学博士学位论文，2005。

生产技术和设备较陈旧。1986年，在152万个乡村两级企业中，专业技术人员有63.5万人，平均每家企业仅0.4人，其中大部分是从城市高薪聘请的。在所有乡镇企业从业人员中，就业于建筑、食品、纺织、服装、皮革等劳动密集型部门的人员占50%以上。企业的设备也较为陈旧，近一半的生产设备是国有企业淘汰的设备。生产力水平低下，主要靠扩大规模来维持发展，就不可避免地推行粗放式的经营管理模式。

4. 各地区乡镇企业的产业结构类似

80%的乡镇企业位于村落，12%分布在集镇，8%分布在建制镇，不同地区的产业结构趋同。以轻工业为例，1986年，以农产品为原料的轻工业在东、中、西部地区所占的比重十分接近，分别为52.4%、60.4%和57.3%。东、中部地区制造业的比重分别为78.9%和79.4%。产业结构类似，重复现象严重，规模效益难以形成，乡城迁移劳动力的就业仍以临时性工作或技术含量较低的基础性工作为主。

5. 迁移渠道多元化

20世纪80年代，除了乡镇企业是吸纳乡城迁移劳动力的主渠道外，工矿行业、服务行业、城乡建筑行业和国际劳务输出等也吸收了大量乡城迁移劳动力，其中，工矿临时工、合同工超过160万人，遍布城乡的建筑行业吸收了1525万人，国际劳务输出35万人。[①]

6. 地区不平衡特点

根据1987年对11个省220个村的调查，乡城劳动力迁移的地域分布很不平衡。东部地区有21.7%的乡城劳动力流出，中部地区

---

① 许可：《我国农村剩余劳动力转移研究》，山东大学博士学位论文，2005。

有 38.6% 的乡城劳动力流出，西部地区有 74.5% 的乡城劳动力流出，因此，迁出劳动力由东向西呈递增趋势。[1]

三　20 世纪 90 年代以来我国乡城劳动力迁移的特征

20 世纪 90 年代至今，随着城市化进程的进一步推进，大量的农村剩余劳动力从农村迁往城市。根据《中国农村住户调查年鉴》（2006 年），2005 年，我国共有 18319 万名农村迁移劳动力，比 2004 年增长了 5.5%。其中，乡城迁移劳动力占 37.4%。当年的调查数据显示，第一，在我国的乡城迁移劳动力中，异地转移[2]的劳动力约为 0.98 亿人，约占 53.50%，是乡城劳动力迁移的主要部分。其中，约有 0.10 亿人转移到直辖市，占所有异地转移劳动力的 10.20%；约有 0.20 亿人转移到省会城市，占异地转移劳动力的 20.41%；约有 0.37 亿人转移到地级市，占 37.76%；其余部分转移到县级市、建制镇或其他地区。第二，大约一半的乡城迁移劳动力就业于第三产业。在乡城迁移劳动力中，约有 33.8% 就业于制造业，约有 12.6% 就业于建筑业，而约有 0.92 亿名劳动力就业于第三产业，占一半以上。在第三产业中，就业人数最多的首先是居民和社会服务业，其次则是批发零售业。第三，从迁出地看，从西部地区转移出的劳动力最少，占 18.3%，从东部地区转移出的劳动力最多，占 50.3%，其次是中部地区，占 31.4%。在中西部地区已转移的劳动力中，约有 45% 转移到了东部地区。第四，5 个省（直辖市）已转移了超过一半的农村劳动力，其中包括：上海（73.8%）、北京

---

① 黄辰喜：《九十年代中国农村劳动力转移的特征、作用和趋势》，《人口研究》1993 年第 3 期。

② 异地转移，即转移到本乡镇地域范围以外。

（60.7%）、江苏（58.4%）、浙江（57.1%）、天津（50.4%）。

因此，以相关的统计数据为依据，与 20 世纪 80 年代相比，20 世纪 90 年代以来，我国乡城劳动力迁移具有以下 6 个方面的鲜明特征。

1. 鲜明的地域和空间范围特征

从迁移的地域上看，乡城劳动力的迁移包括就地转移和异地转移，即迁移到本乡镇地域范围内的非农行业和迁移到本乡镇以外的非农业部门。本质上，这两种乡城劳动力迁移是同一个过程的两个阶段。

从迁移的地域分布看，我国的乡城劳动力迁移正在逐渐由区域内的就地转移过渡到跨区域的异地转移。改革开放后，我国的乡城劳动力迁移主要是在农村地区就地、就近进行的。这有其客观历史原因：家庭联产承包经营责任制使农民获得了土地经营权，加上传统思想根深蒂固，农民对赖以生存的土地有着难以舍弃的眷恋，而当时关于农村土地转租、转包的制度设计还未出现，因此，就地、就近转移，从而保持乡城劳动力的"两栖"身份，可以分散农户的风险，使其不但能够拥有来自庄稼以外的副业收入，而且还能留有土地作为基本的生活保障。据统计，这种"离土不离乡"的迁移在当时的乡城劳动力迁移中大约占 80%。随着乡镇企业的快速发展，农村劳动力开始面临更多的就业机会。到 20 世纪 80 年代末 90 年代初，随着我国对外开放政策的深入，在一些中心城市特别是东部沿海地区，非公有制经济蓬勃发展，创造了大量的就业机会。激烈的市场竞争使乡镇企业的发展步履维艰。这样，东部地区的迅速发展和所产生的大量就业机会，吸引了乡城迁移劳动力的大规模跨地区流动。

图 4 - 1 给出了 1998 ~ 2002 年乡内非农业迁移、乡外县内迁移、县外省内迁移及省外迁移占各年份总乡城迁移的比重的变化。

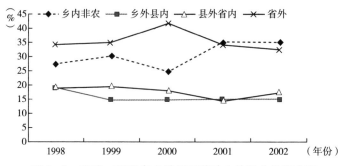

图 4-1　1998~2002 年乡城迁移劳动力的就业地域分布

资料来源：国家统计局《中国农村住户调查年鉴》相应年份数据。

　　从统计数据上看，1998~2002 年，乡外县内、县外省内迁移的比重大体上平稳，基本保持在 15%~20% 的范围内，与两者形成鲜明对比的是，乡内非农业迁移和省外迁移的变动幅度较大。

　　1998~2001 年，省外迁移的比重比乡内非农业迁移的比重要高，两者在 2000 年的差距高达 16 个百分点，然而在 2001 年，两者差距接近于 0，到了 2002 年，后者已经高于前者。这一变化过程可以用 20 世纪 90 年代后期以来我国城市失业率的逐渐上升来解释。由于城市下岗职工的增加，很多地方政府严格限制城市外来人口的流入，甚至规定一些部门和企业只能雇用本地居民。因此，省外迁移的乡城劳动力比重随之下降。事实上，大部分地区在 2000 年后都具有省外迁移比重降低而乡内非农业迁移比重升高的态势，其中，东部地区乡内非农业迁移的比重上升得最多，可见，这与各地区农村自身的情况联系紧密。

　　《中国农村住户调查年鉴》（2010 年）的数据则显示，2009 年，在异地迁移的乡城劳动力中，在省外务工的有 0.74 亿人，占51.2%，在省内务工的约有 0.71 亿人，占 48.8%。调查结果还显示，2009 年异地乡城迁移劳动力的增加，主要归因于在省内就近转移的异地乡城迁移劳动力的增加。表 4-1 给出了 2008 年、2009 年不同地区异地转移的乡城迁移劳动力在省内、省外的分布情况。可以看出，2008~2009 年，东部地区的异地乡城迁移劳动力省内迁移的比重最高，而中、西部地区的这一比重则处于上升态势。

表 4 - 1　不同地区异地转移的乡城迁移劳动力省内、省外分布

单位：%

地　　区	2009 年		2008 年	
	省　内	省　外	省　内	省　外
东部地区	79.6	20.4	79.7	20.3
中部地区	30.6	69.4	29.0	71.0
西部地区	40.9	59.1	37.0	63.0

资料来源：根据国家统计局《中国农村住户调查年鉴》（2010 年）综述部分整理。

从异地乡城迁移劳动力的空间范围看，近年来主要存在以下 4 个明显特征。

（1）外出务工以东部地区为主。

从劳动力的迁入地来看，2009 年有 0.908 亿名异地乡城迁移劳动力在东部地区务工，占全国异地乡城迁移劳动力的 62.5%，有 0.248 亿名异地乡城迁移劳动力在中部地区务工，占全国异地乡城迁移劳动力的 17.1%，比 2008 年提高 3.8 个百分点；在西部地区务工的异地乡城迁移劳动力为 0.294 亿人，占全国异地乡城迁移劳动力的 20.2%，比 2008 年提高 4.8 个百分点。①

（2）在东部地区中，在长三角地区和珠三角地区务工的异地乡城迁移劳动力所占比重较大。

2009 年，在长三角和珠三角地区务工的异地乡城迁移劳动力分别占全国异地乡城迁移劳动力的 19.4% 和 22.6%，2008 年，该比例分别为 21.8% 和 30.2%。

（3）近年来，在东部地区务工的异地乡城迁移劳动力有所减少，异地乡城迁移劳动力的就业范围向中、西部地区转移。

---

①　资料来源：《中国农村住户调查年鉴》（2010 年）。

2009 年在东部地区务工的异地乡城迁移劳动力比 2008 年降低了 8.5 个百分点；在中部地区务工的异地乡城迁移劳动力比 2008 年提高了 3.8 个百分点；在西部地区务工的异地乡城迁移劳动力比 2008 年提高了 4.8 个百分点。2009 年，有 0.282 亿名异地乡城迁移劳动力在长三角地区务工，比 2008 年下降近 8%，有 0.328 亿名异地乡城迁移劳动力在珠三角地区务工，比 2008 年下降近 23%。图 4 - 2 较好地反映了这些变化趋势。

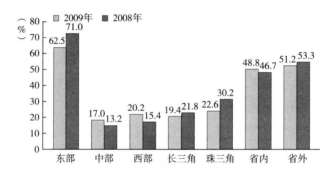

图 4 - 2　2008 年、2009 年异地乡城迁移劳动力就业空间分布比例变化

资料来源：根据国家统计局《中国农村住户调查年鉴》（2010 年）综述部分整理。

（4）60% 以上的异地乡城迁移劳动力在地级以上的大中城市寻找就业机会。

根据《中国农村住户调查年鉴》（2010 年）的数据，从异地乡城迁移劳动力的就业地点来看，在地级以上大中城市务工的占所有异地乡城迁移劳动力的 63.3%，该数据比 2008 年略降 0.3 个百分点。[①] 其中，以在省会城市和地级市务工为主。

2. 劳动者的就业部门特征

20 世纪 80 年代，我国乡城迁移劳动力就业的部门主要是第二产业，而到了 20 世纪 90 年代，第一产业（农业）的农村劳动力从业

---

① 国家统计局网站：http://www.stats.gov.cn/tjfx/fxbg/t20100319_402628281.htm。

人数出现了绝对数量的下降，此时，除了第二产业，乡城迁移劳动力就业的另一个主要部门是第三产业。

进入 21 世纪，我国乡城迁移劳动力的就业部门分布比重又有所变化，按照比重排序依次为：工业、建筑业、服务业、批发零售业和餐饮业、交通运输和仓储邮政业。根据《中国农村住户调查年鉴》（2010 年）的数据，2009 年，有 76% 的乡城迁移劳动力就业于以上行业，其中，39.1% 分布在制造业和采掘业，17.3% 分布于建筑业，11.8% 分布在服务业，7.8% 分布于批发零售业和餐饮业，5.9% 分布在交通运输和仓储邮政业。

我国乡城迁移劳动力这种鲜明的部门就业特征，主要源于这些部门对从事基础性工作的劳动力的需求。同时，这些就业部门主要是市场化的经济部门，相对于对雇用制度有较严格要求的政府主导型经济部门，这些部门对乡城迁移劳动力的吸纳能力较强。目前，在对乡城迁移劳动力的雇用上，很多政府主导型部门有着较高的门槛，存在不同程度的限制。

3. 劳动者的兼营性特征

由农业部门向非农业部门的转移也是对我国乡城劳动力迁移部门就业特征的一种反映，因此，我国的乡城劳动力迁移具有显著的兼营性、两栖性或季节性特征，即在农业部门和非农业部门之间来回穿梭的特点。一些对乡城劳动力迁移主要省份的调查数据表明，"60% 的乡城迁移劳动力在一年当中既参与非农活动又参与农业生产活动，其中，35% 属于兼业劳动力，25% 属于季节性迁移劳动力"。[1] 由于大多

---

① 刘秀梅：《我国农村劳动力转移及其经济效应研究》，中国农业大学博士学位论文，2004；De Brauw, Alan et al., "The Evolution of China's Rural Labor Markets During the Reforms," *Journal of Comparative Economics*, 30 (2), 2002, pp. 329 – 353.

数迁移劳动力仍保有对土地的承包经营权，因此，迁移劳动力农闲时节在外务工，农忙时节仍要回乡务农，具有明显的两栖性和兼营性。一般来说，迁移劳动力在外务工的时间与家庭劳动力数量和外出务工收入成正比。

另外，劳动力的迁移和回乡务农在时间上有一定的交错，这也反映出迁移的季节性、兼营性特征，也就是说，如果第一年外出，第二年就可能在家务农。统计数据表明，在具有兼营性特征的乡城迁移劳动力中，约有2.4%外出务工1~5个月，而约有18.3%在本地的非农业部门工作1~5个月。① 迁移的季节性、两栖性使农民择业的自主空间较大，而雇主在雇用农村迁移劳动力时的随意性也较大。从微观层面看，这种兼业行为具有一定的合理性，但也导致了乡城劳动力迁移的动态性、流动性、不稳定性较大。从一定意义上说，这一特征其实限制了乡城迁移劳动力在非农产业的进取和创新，制约了劳动者自身能力的提高和潜力的发挥。

4. 显著的地区不平衡特征

经典的乡城劳动力迁移理论告诉我们，乡城劳动力迁移，实质上是现代工业部门不断吸纳传统农业部门劳动力的过程，即工业部门不断扩张的过程。随着工业部门对劳动力需求的增加，农业剩余劳动力不断转移到工业部门，从而带动了经济结构的变迁。

我国各地区的经济发展很不平衡，因此，乡城劳动力迁移无论在时间上还是空间上都具有不平衡特征，直接影响着乡城劳动力迁移的速度和进程。由于东部地区无论在工业产值份额上还是劳动力

---

① 蔡新会：《中国城市化过程中的乡城劳动力迁移研究》，复旦大学博士学位论文，2004。

就业份额上，都大大领先于中、西部地区，产业结构的演化进程也遥遥领先，所以，我国的乡城劳动力迁移无论在规模还是速度上，都具有鲜明的地区不平衡特征。

（1）乡城劳动力迁移的规模因各地区经济发展水平的不同而存在差异。

一般来说，经济越发达的地区，乡城劳动力迁移的数量也越多。根据刘秀梅2004年的研究数据，2002年，43%以上的东部地区农村劳动力就业于非农业部门，而在中、西部地区，就业于非农业部门的农村劳动力所占比重分别为30%和26%。[①]

（2）乡城劳动力迁移的范围因各地区经济发展水平的不同而存在差异。

经济发展程度越高，省内乡城劳动力迁移尤其是本乡镇内迁移的比重也越高。对于经济发展程度较低的地区，本地非农业部门的发展相对迟缓，就业机会相对有限，因此，更多的乡城迁移劳动力前往省外或异地的非农业部门谋求工作。这里尤以一些中部的农村劳动力迁出大省，如四川、安徽、江西等，向上海、北京、广东等东部沿海省市的乡城劳动力迁移为代表。

5. 鲜明的人力资本特征

乡城迁移劳动力在性别结构、年龄结构、受教育程度等方面都呈现鲜明的人力资本特征，总的说来，以受教育程度相对较高的青壮年男性为主。

（1）乡城迁移劳动力以青壮年男性为主，且已婚者占多数。

根据《中国农村住户调查年鉴》（2010年）的数据，从性别结

[①] 刘秀梅：《我国农村劳动力转移及其经济效应研究》，中国农业大学博士学位论文，2004。

构上看，2009 年，在所有异地转移的乡城迁移劳动力中，65.1% 为男性，而仅有 34.9% 为女性。

从年龄结构上看，在异地转移的乡城迁移劳动力中，青壮年是主要部分。其中，16～25 岁的占 41.6%，26～30 岁的占 20.0%，31～40 岁的占 22.3%，41～50 岁的占 11.9%，50 岁以上的占 4.2%。

从婚姻状况上看，已婚的异地乡城迁移劳动力占 56%，未婚的占 41.5%，其他占 2.5%。

（2）受教育程度为初中及以上的乡城迁移劳动力占多数。

《中国农村住户调查年鉴》（2010 年）的统计数据显示，在异地转移的乡城迁移劳动力中，11.7% 为文盲或受教育程度为小学，而 88.3% 的受教育程度为初中及以上。其中，受教育程度为高中及以上的占 23.5%。

图 4－3 显示了异地转移的乡城迁移劳动力中不同年龄组的受教育情况。可以看出，低年龄组中受教育程度较高的比重较高，特别是在 16～30 岁的低年龄人群中，各组受教育程度为高中及以上的比重皆高于 26%。

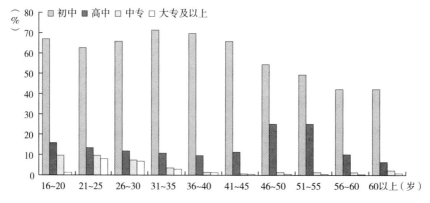

图 4－3　异地转移的乡城迁移劳动力中不同年龄组的受教育情况

资料来源：《中国农村住户调查年鉴》（2010 年）综述部分。

　　由刘秀梅 2004 年计算得出的 1998～2002 年全国及各地区受教育程度为初中及以上者占农村劳动力和乡城迁移劳动力的比重（见表 4－2）可以看出，各地区乡城迁移劳动力的平均受教育程度比农村劳动力的整体受教育程度要高。[①]

表 4－2　全国及各地区受教育程度为初中及以上者占农村劳动力和乡城迁移劳动力的比重

单位：%

范围	年份	1998	1999	2000	2001	2002
全　国	全部农村劳动力中	55.97	57.40	59.69	60.98	61.79
	乡城迁移劳动力中	77.79	79.24	81.20	76.49	77.43
东部地区	全部农村劳动力中	64.96	65.86	67.97	69.26	69.75
	乡城迁移劳动力中	81.87	85.52	86.37	81.98	82.59
中部地区	全部农村劳动力中	59.62	61.26	64.00	65.40	66.06
	乡城迁移劳动力中	80.78	82.49	83.98	79.61	80.94
西部地区	全部农村劳动力中	42.44	43.54	45.15	46.38	46.87
	乡城迁移劳动力中	70.34	70.32	74.02	70.26	71.40

　　资料来源：刘秀梅：《我国农村劳动力转移及其经济效应研究》，中国农业大学博士学位论文，2004。

　　（3）多数乡城迁移劳动力没有受过正规技能培训。

　　根据《中国农村住户调查年鉴》（2010 年）的调查数据，在 2009 年异地转移的乡城迁移劳动力中，约一半以上未受过任何技能培训；而在受教育程度较低的乡城迁移劳动力中，受过技能培训者所占的比重则更小。在受教育程度为高中及以上的外出劳动力中，超过一半接受过技能培训，与之相比，在文盲、半文盲的外出乡城迁移劳动力中，仅有 26.3% 接受过技能培训。

[①]　刘秀梅：《我国农村劳动力转移及其经济效应研究》，中国农业大学博士学位论文，2004。

（4）异地转移的乡城迁移劳动力大多以受雇形式从业，只有少部分自营者。

2009 年的调查数据显示，在外出劳动力中，近95％以被雇用的形式就业，以自主经营形式就业的仅占很小的比重。在东部、中部、西部三大地区中，在西部地区就业的乡城迁移劳动力自主经营的比重最高，将近9％。

6. "非永久性迁移" 特征

乡城迁移劳动力来到城市后，由于在很多方面还未能与城市的社会生活完全融合，因此就具有了新的角色特征。从很多方面来看，乡城劳动力迁移的主要目的是增加家庭收入来源、提高家庭生活水平。在户籍制度的制约下，乡城迁移劳动力并不拥有在城市的永久居住权，总的来说，他们在城市的就业和生活十分艰苦，且很不稳定，在一些领域甚至遭遇到与城市居民不平等的待遇，这也导致了这种迁移的暂时性、反复性和不稳定性。

关于乡城劳动力迁移的动机，已有的研究数据显示，乡城迁移的最基本动因是提高家庭收入水平。[①] 因此，为了在迁移之后返回家乡兴办企业而进行的迁移应不占多数。然而，近年来的调查表明，在多种原因的作用下，有较多的乡城迁移劳动力在迁移后选择返回家乡，其中最普遍的原因是家庭层面的原因以及在城市就业的困难（见图4－4）。这也从另一个方面说明了我国乡城劳动力迁移的反复性和不稳定性，因此认为这种迁移具有"非永久性迁移"的特征。

---

① 白南生、宋洪远：《回乡，还是进城？——中国农村外出劳动力回流研究》，中国财政经济出版社，2002；刘秀梅：《我国农村劳动力转移及其经济效应研究》，中国农业大学博士学位论文，2004。

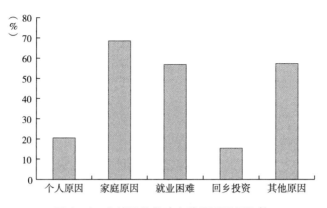

图 4 - 4　乡城迁移劳动力的返回原因比较

除以上 6 个特征之外，由于我国的乡城劳动力迁移以异地转移为主要方式，所以这种转移方式还具有 3 个显著特点。首先，在迁移中逐渐形成建立在地缘、亲缘等社会网络基础上的迁移链。乡城迁移劳动力在进行异地转移时，往往优先选择同乡或亲友引荐的地区来降低迁移风险。统计数据表明，超过一半的乡城劳动力迁移具有迁移链的因素。其次，自发性的迁移占一定比例。据统计，在我国乡城劳动力迁移中，大约33%为自发性的迁移，这表明迁移环境的构建已经具备良好的市场经济基础。最后，迁移具有一定的盲目性。据统计，只有 8.7% 的乡城迁移劳动力是有组织的迁移。在我国，由于劳动力供求信息不完全，乡城劳动力的迁移更多地依靠社会网络的作用，如亲友引荐、社区信息导向等，这样，发达地区的中心城市往往成为乡城劳动力异地转移的主要集中地，当相对有限的就业机会面临庞大的乡城迁移大军时，就显得"僧多粥少"。当前来看，有 3 种途径可以在一定程度上弥补乡城迁移劳动力供求信息的不完全，即：在政府或社会组织的协助安排下进行就业；城市企业在农村直接招工；以乡镇或村为单位，统一安排劳动力有组织地外出就业。

第三节 我国乡城劳动力迁移的现状及
农村人力资本现状

一 我国乡城劳动力迁移的现状

在转轨阶段，我国的乡城劳动力迁移具有较强的动态性和不稳定性。从迁移的现状来看，大体可以分为两种类型的迁移。

1. 城镇型迁移

根据城镇的规模，城镇型迁移主要包括向小城镇的迁移和向大中城市的迁移。

（1）小城镇是乡城劳动力迁移的一个主要目的地，具有吸收乡城迁移劳动力的巨大潜力。

在经济发达地区，由城市带动小城镇发展，已经形成了城镇经济群和城镇经济带，如广东和苏南地区的小城镇经济带，吸纳了大量的当地和外出的乡城迁移劳动力。随着小城镇逐步发展和建设成为农村的经济中心，其对周边乡镇的辐射和带动作用也真正发挥出来。根据当地的具体情况发展核心产业，核心产业的发展带动了农业产业化，农产品生产和经营的产业链被拉长，这一过程促进了农业生产方式的转变，推进了农业劳动由自然分工向社会分工的演化，也是对城市化进程的一个推动。因此，小城镇的发展较好地吸纳了乡城迁移劳动力。随着户籍制度改革的深化，乡城劳动力转入小城镇的制度性门槛逐渐消除，所以，小城镇对乡城迁移劳动力的吸纳作用将进一步发挥。

（2）大中城市是乡城劳动力迁移的另一个方向。

被称为"农民工"的迁移劳动力进城就业，就业部门大部分集中在建筑业、制造业以及餐饮业、零售业等服务行业。融入城市工作和建设的这部分乡城迁移劳动力，参与到了城市基础建设和居民日常生活的很多基本领域，为城市的发展做出了重要贡献。同时，城市的现代生活氛围和精神文明风貌也感染和熏陶了他们，开拓了他们的视野，丰富了他们的阅历。但是，很多乡城迁移劳动力缺乏专业的技能训练，其所从事的主要是一些基础性工作，而这样的工作往往具有很强的可替代性，使其在签订工作合约时常处于不利的地位。同时，由于户籍制度的存在以及社会保障制度的不健全，迁移劳动力在城市的就业具有很强的不稳定性，这也直接导致了其迁移状态的动态性。对进城务工的迁移劳动力进行专业培训，正在逐渐受到政府部门的重视。今后，应让进城务工的迁移劳动力接受更多的专业培训，使他们有更多的机会接受教育，并对其健康状况及其子女的教育给予更多的关注。迁移劳动力的专业技能和人力资本水平的提高，能够增强其工作的稳定性，为乡城劳动力迁移的顺利进行创造条件。

2. 职业型迁移

乡城迁移劳动力所从事的职业大体上有以下 3 种。

（1）正式的职业。

正式的工作岗位主要包括：工厂里或工地上的工作岗位，企事业单位的后勤服务工作岗位，商店或餐饮行业的服务工作岗位等。从事这些岗位的乡城迁移劳动力一般都是被正式雇用的，从事基础性的非专业型工作。在雇主主观意愿和短期行为的影响下，其工作被取代的可能性很大，他们可能会在较短的时间内转到其他的工作岗位，因此大部分该类乡城迁移劳动力的迁移状态很不稳定，难以完成真正的"迁移"。

（2）零散的工作。

从事这类职业的主要包括：个体摊贩，钟点工，个体轻工业者，在一些个体餐馆、作坊工作的无证打工者，等等。在这类乡城迁移劳动力中，大多数属于并未持有正式执照的就业，有些是租借执照，有些甚至无照经营。而且从事此类工作的迁移者一般分布得较为零散，其中不少在职业上很不稳定，因此，此类乡城迁移劳动力的迁移状态具有很大的动态性，随时都有可能返回家乡。

（3）自主创业。

自主创业主要是指一些乡城迁移劳动力在城镇工作和生活了一段时间后，积累了一定的经验、经济实力、技能等，从而开始投资办厂、经营企业。这部分迁移劳动力通过在城市的长期生活和工作，已经找到了自己的位置，在拓展业务的同时，有的从所在城市的劳动力市场雇用劳动力，有的则雇用从同一地区迁移来的亲友、老乡或从其他地区迁移来的乡城劳动力。一般来说，投资办厂、经营企业的这部分乡城迁移劳动力及其所雇用的迁移劳动力，已经在城市定居下来，基本上处于较稳定的状态，可以说已经实现了真正的"迁移"。

二　乡城劳动力迁移背景下的农村人力资本现状

随着乡城劳动力迁移的持续进行，我国农村地区的人力资本投资和积累水平发生了一系列变化。在这些变化中，农村的人力资本水平有所提升，但提升不足，在人力资本投资总量上仍然无法满足农业部门的有效需求，在人力资本投资结构上，城乡差距依然明显。具体地，可以从教育事业、医疗卫生事业和劳动力的培训迁移3个方面来看。

1. 我国农村的教育状况

（1）农村劳动力的平均受教育程度有所提高，但从结构上看，仍然以小学和初中为主，因此，总体受教育程度的提高并不明显。

虽然我国的农村劳动力在总量上非常庞大，但从劳动者的知识水平和文化素质上看，农村劳动力的受教育程度、知识水平仍然普遍较低。其中，在知识禀赋、受教育程度等反映人力资本存量的其他重要指标上，根据《中国农村住户调查年鉴》的数据，从 1985 年到 2009 年，我国农村劳动力的受教育程度有所提高，农村劳动力的平均受教育年限逐年增加。1985 年，我国农村居民家庭劳动力的人均受教育年限是 5.898 年，到 2009 年，农户家庭劳动力的人均受教育年限上升到 8.438 年，比 1985 年的水平增加了 2.54 年。[①] 根据 2009

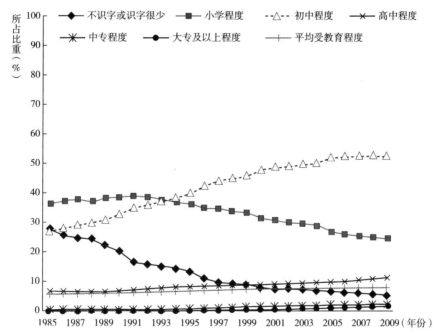

图 4 - 5　1985 ~ 2009 年农村居民家庭劳动力的受教育程度变化

资料来源：《中国农村住户调查年鉴》（2010 年）。

---

①　根据《中国农村住户调查年鉴》（2010 年）的数据计算而来。其中，人均受教育年限的计算方法是：人均受教育年限 = 不识字或识字很少者所占比重 × 1 + 受教育程度为小学者所占比重 × 6 + 受教育程度为初中者所占比重 × 9 + 受教育程度为高中者所占比重 × 12 + 受教育程度为中专者所占比重 × 15 + 受教育程度为大专及以上者所占比重 × 15。

年的统计数据，当年，在全部农村劳动力中，文盲的比重约为5.9%，与1985年相比下降了22个百分点；受教育程度为小学的农村劳动力占全部农村劳动力的24.7%，比1985年下降了12.4个百分点；受教育程度为初中的劳动力所占比重为52.7%，比1985年上升了25个百分点；受教育程度为高中及以上的劳动力所占比重为16.7%，比1985年的相应比重提高了9.3个百分点。

然而，由图4-5可以看出，虽然我国农村劳动力的受教育程度已经有了普遍提高，但从结构上看，目前农村劳动力的受教育程度仍然以小学和初中为主，受过高中及以上教育的比重仍然较低，因此，其整体受教育程度仍然偏低。不仅如此，受教育程度的地区和城乡差距仍然十分显著。

根据刘叶2009年对城镇和农村劳动力受教育程度的比较，2005年，在农村劳动力中，文盲、受教育程度为小学、受教育程度为初中的劳动力所占比重分别比城镇劳动力中的相应比重高0.6、2.9和14个百分点，而受教育程度为高中及以上的劳动力所占比重低于城镇相应比重27.5个百分点。2009年，仅有北京和上海的农村居民家庭劳动力的平均受教育年限达到初中年限，北京为10.468年，上海为10.021年；西藏农村劳动力的平均受教育年限仅为3.670年，甚至未达到小学教育的相应年限，处于全国最低水平；其余各地区农村居民家庭劳动力的平均受教育年限一般为6~10年。

由表4-3可以看出，2002~2009年，从事农业劳动的劳动力平均受教育年限与其他各行业劳动力的平均受教育年限有很大的差距。

除此之外，随着迁移的进行，目前农村地区受教育程度为初中及以上的青壮年劳动力大部分已经从农业部门转移到了非农业部门就业，而滞留在农业部门完全从事农业生产的农村劳动力，其受教育程度相对较低。因此，总体来说，农村劳动力总体受教育程度的

表 4 - 3　2002~2009 年各行业就业人员与农业劳动力平均受教育年限比较

年份	平均受教育年限（年）	
	各行业	农业
2002	8.238	6.96
2003	8.378	7.048
2004	8.555	7.172
2005	8.271	6.979
2006	8.343	7.136
2007	8.46	7.244
2008	8.549	7.378
2009	8.686	7.456

资料来源：根据《中国人口和就业统计年鉴》（2003~2010 年）的数据计算而来。

提高并不明显。

（2）在教育投资上，政府对农村义务教育事业的投入基本保证了农村地区对教育的基础性需求，然而对农村的教育投资在总量和结构上与城市的差距仍然显著。

根据我国目前的农村教育状况，初中及以下的义务教育占据了农村教育事业的主要部分。从《中国教育经费统计年鉴》的数据上看，从 20 世纪 90 年代中期以来，我国政府对农村教育事业的投入特别是对农村义务教育的投入总量增速较快。1995 年，我国农村初中教育经费支出为 111.623 亿元，小学教育经费支出为 218.335 亿元，到 2008 年，这两项指标分别达到 1422.320 亿元和 2288.387 亿元，分别是 1995 年的 12.74 倍和 10.48 倍，此时，全国财政预算内农村义务教育经费支出合计已达 3710.707 亿元，是 1995 年的 11.25 倍，而当年的 GDP 是 1995 年的 5.6 倍，显然，农村义务教育投入总量的增长速度大大超过了 GDP 的增长速度，这基本保证了农村地区对教育的基础性需求，为农村地区人力资本的积累奠定了基础。

此外，从当前农村教育投资的来源看，投资主体包括政府、社会和农村劳动力个体等，因此，农村教育投入的主体正在逐步实现多元化。但是，由于义务教育是农村教育中最主要的部分，而目前社会、农村劳动力个体等其他投资主体的投资比例仍然有限，因此，政府的财政拨款仍然是农村义务教育办学经费的主要来源。

虽然农村地区的教育投资尤其是政府财政对农村的教育投入获得了大幅增长，但其无论在投资总量上还是投资来源的结构上与城市的差距仍然存在。

首先，近年来，农村初中、小学的生均教育经费与全国平均水平的差距有所减小，但差距仍然存在。表4-4列出了2001~2011年我国农村小学、初中生均教育经费与全国平均水平之间差距的变化。可以看出，近年来，这一差距已经在逐渐缩小，但差距仍然存在。

表4-4　2001~2011年我国农村小学、初中生均教育经费与全国平均水平比较

单位：元

年　份	2001	2002	2003	2004	2005	2006
普通小学	971.47	1154.94	1295.39	1561.42	1822.76	2121.18
其中：农村	797.60	953.65	1058.25	1326.31	1572.57	1846.71
农村相当于平均水平的比例（%）	82.10	82.57	81.69	84.94	86.27	87.06
普通初中	1371.18	1533.48	1667.95	1925.43	2277.32	2668.63
其中：农村	1013.65	1129.21	1210.75	1486.65	1819.92	2190.33
农村相当于平均水平的比例（%）	73.93	73.64	72.59	77.21	79.91	82.08
年　份	2007	2008	2009	2010	2011	
普通小学	2751.43	3410.09	4171.45	4931.58	6117.49	
其中：农村	2463.72	3116.83	3842.26	4560.31	5718.96	
农村相当于平均水平的比例（%）	89.54	91.40	92.11	92.47	93.49	

续表

年　份	2007	2008	2009	2010	2011	
普通初中	3485.09	4531.83	5564.66	6526.73	8179.04	
其中：农村	2926.58	4005.78	5023.51	5874.05	7439.40	
农村相当于平均水平的比例（%）	83.97	88.39	90.28	90.00	90.96	

资料来源：《中国教育经费统计年鉴》（相应年份）。

其次，城乡教育经费来源的结构仍差距较大。如表 4 - 5 所示，农村小学、初中教育经费来源与城市相比较为单一，主要是依靠政府的财政投入，而来自社会捐赠和社会团体或公民个体办学的投入所占比重很小，其他教育投资也仅占很小的部分，都大大低于普通初中、普通小学的水平。

表 4 - 5　2009 年我国城乡小学、初中教育经费来源的结构比较

单位：%

学校＼类别	国家财政性教育经费	民办学校中举办者投入	社会捐赠经费	事业收入	其他教育经费
全国	100	100	100	100	100
普通初中	21.54	15.66	20.75	5.79	8.57
其中：农村	12.99	3.01	8.02	1.31	3.24
普通小学	31.56	15.01	26.25	5.01	9.12
其中：农村	21.28	3.02	12.01	1.21	3.82

资料来源：《中国统计年鉴》（2010 年）。

从农村劳动力个体的教育投资情况来看，20 世纪 90 年代以来，在我国农村居民家庭生活人均消费支出结构中，教育支出所占的比重处于上升趋势，到 2005 年之后，该比重开始有一定程度的下降，但仍保持在 8% 以上。如图 4 - 6 所示，2009 年，我国农村家庭的人均生活消费水平为 3993.45 元，其中，用于教育的人均消费支出为 340.56 元，占 2009 年农户人均消费总支出的 8.53%，该比重在

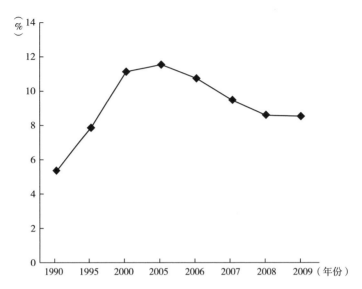

图4-6 1990~2009年农户家庭人均消费支出中教育投资所占比重的变化
资料来源:《中国统计年鉴》(各相应年份)。

2005年曾达到11.56%,为1990年水平的2.15倍。

2. 我国农村的医疗卫生状况

在医疗卫生事业上,农村的医疗卫生总体投入和卫生保健支出占农村居民家庭消费支出的比重逐年提高,然而,城乡医疗保健资源配置结构很不平衡,仍然不能满足农村居民对医疗保健服务的需求。

根据人力资本理论,健康资本是人力资本构成的第一层次要素,而对卫生保健的投资正是健康资本的主要来源。

改革开放以来,随着医疗卫生体制改革的深化,农村居民的卫生保健水平有了很大提高。到2009年底,新型农村合作医疗已经在全国2716个县(市、区)展开,新型农村合作医疗的参加人数达到了8.33亿人次,已有94.2%的参与率。新型农村合作医疗制度的广泛开展使就诊率和住院率显著上升,减轻了农民的经济负担,得到农村居民的广泛支持。据统计，2009 年，我国参加新型农村合作医疗的农村居民中有 7.59 亿人获得了补偿，补偿基金支出合计为 922.9 亿元。

从医疗卫生费用的总体投入来看，如表 4 – 6 所示，1990～2013 年，我国城乡卫生经费投入逐年增长，城乡卫生费用占 GDP 的比重从 1990 年的 4.00% 降至 1995 年的 3.54%，继而又提高到 2013 年的 5.57%。城市和农村的卫生经费都处于上升趋势，人均卫生费用也都逐年上升。然而，城乡之间的卫生投入差距不断拉大，城市、农村卫生费用占卫生总费用的比重从 1990 年的 52.98∶47.02 扩大为 2013 年的 74.19∶25.18，而在人均卫生费用上，城市相对于农村的倍数则保持在 2.54～4.23 倍。此外，不同地区因经济发展状况和财力的不同在卫生经费的投入上也存在很大差异。

表 4 – 6　1990～2013 年我国卫生经费投入情况及城乡比较

年份	城乡卫生总费用（亿元）	卫生总费用占GDP比重（%）	城乡卫生总费用（亿元）		城乡卫生总费用比例（%）		人均卫生费用（元）			
			城市	农村	城市	农村	合计	城市	农村	城市/农村（倍）
1990	747.39	4.00	396.00	351.39	52.98	47.02	65.4	158.8	38.8	4.09
1991	893.49	4.10	482.60	410.89	54.01	45.99	77.1	187.6	45.1	4.16
1992	1096.86	4.07	597.30	499.56	54.46	45.54	93.6	222.0	54.7	4.06
1993	1377.78	3.90	760.30	617.48	55.18	44.82	116.3	268.6	67.6	3.97
1994	1761.24	3.65	991.50	769.74	56.30	43.70	146.5	332.6	86.3	3.85
1995	2155.13	3.54	1239.50	915.63	57.51	42.49	177.9	401.3	112.9	3.55
1996	2709.42	3.81	1494.90	1214.52	55.17	44.83	221.4	467.4	150.7	3.10
1997	3196.71	4.05	1771.40	1425.31	55.41	44.59	258.6	537.8	177.9	3.02
1998	3678.72	4.36	1906.92	1771.80	51.84	48.16	294.9	625.9	194.6	3.22
1999	4047.50	4.51	2193.12	1854.38	54.18	45.82	321.8	702.0	203.2	3.45
2000	4586.63	4.62	2624.24	1962.39	57.21	42.79	361.9	813.7	214.7	3.79

续表

年份	城乡卫生总费用（亿元）	卫生总费用占GDP比重（%）	城乡卫生总费用（亿元）		城乡卫生总费用比例（%）		人均卫生费用（元）			
			城市	农村	城市	农村	合计	城市	农村	城市/农村（倍）
2001	5025.93	4.58	2792.95	2232.98	55.57	44.43	393.8	841.2	244.8	3.44
2002	5790.03	4.81	3448.24	2341.79	59.55	40.45	450.7	987.1	259.3	3.81
2003	6584.10	4.85	4150.32	2433.78	63.04	36.96	509.5	1108.9	274.7	4.04
2004	7590.29	4.75	4939.21	2651.08	65.07	34.93	583.9	1261.9	301.6	4.18
2005	8659.91	4.73	6305.57	2354.34	72.81	27.19	662.3	1126.4	315.8	3.57
2006	9843.34	4.64	7174.73	2668.61	72.89	27.11	748.8	1248.3	361.9	3.45
2007	11573.97	4.35	8968.70	2605.27	77.49	22.51	876.0	1516.3	358.1	4.23
2008	14535.40	4.63	11251.90	3283.50	77.43	22.57	1094.5	1861.8	455.2	4.09
2009	17541.92	5.15	13535.61	4006.31	77.16	22.84	1314.3	2176.6	562.0	3.87
2010	19980.39	4.98	15508.62	4471.77	77.62	22.38	1490.1	2315.5	666.3	3.48
2011	24345.91	5.15	18571.87	5774.04	76.28	23.72	1807.0	2697.5	879.4	3.07
2012	28119.00	5.41	21280.46	6838.54	75.68	24.32	2076.7	2999.3	1064.8	2.82
2013	31868.95	5.57	23644.95	8024.00	74.19	25.18	2327.4	3234.1	1274.4	2.54

资料来源：《中国卫生统计年鉴》（2014年）。

同时，在农村居民家庭的生活消费支出中，用于医疗保健的消费支出所占的比重也在逐年上升。如表4-7所示，2000年，全国农村居民人均医疗保健支出消费额为87.6元，占人均消费性总支出的5.24%，而到了2009年该支出已经上升到287.5元，占总消费性支出的7.20%。

表4-7 2000~2009年农村居民人均医疗保健支出及其占消费支出的比重变化

年　份	农村居民人均医疗保健支出（元）	占消费性支出比重（%）
2000	87.6	5.24
2001	96.6	5.55
2002	103.9	5.67

续表

年　份	农村居民人均医疗保健支出（元）	占消费性支出比重（%）
2003	115.8	5.96
2004	130.6	5.98
2005	168.1	6.58
2006	191.5	6.77
2007	210.2	6.52
2008	246.0	6.72
2009	287.5	7.20

资料来源：《中国农村住户调查年鉴》（2010 年）。

在新型农村合作医疗的广泛开展以及农村居民的医疗保健支出不断增加的同时，我国农村的医疗卫生事业仍然存在很多问题。首先，城乡医疗卫生资源配置不平衡，这也是我国卫生保健领域一个长期存在的问题。"看病难、看病贵"的问题常常使收入较低的个体或家庭无法享受优质的医疗资源，甚至产生不敢看病的社会心理。一方面，2009 年，我国市、县地区每一千人口分别对应 6.03 名和 2.46 名卫生技术人员、2.47 名和 1.10 名职业（助理）医师、2.22 名和 0.65 名注册护士，也就是说，市、县地区每一千人口分别对应 10.72 名和 4.21 名医疗卫生技术人员。我国 70% 的人口集中在农村地区，然而，每一千农业人口所对应的乡镇卫生院人员数仅为 1.28 人，每一千农业人口所对应的乡村医生和卫生员数量仅为 1.19 人。另一方面，2009 年，在全国卫生机构的万元以上设备中，属于乡镇卫生院的数量仅占全国总数的 9.88%。由此可见，城乡医疗卫生资源配置结构很不平衡，农村居民对医疗卫生服务的需求仍然不能得到充分满足，医疗卫生服务质量的可靠性也得不到保障。

其次，政府财政资金在农村医疗卫生领域缺位。分税制改革后，县、乡财政的逐渐恶化导致公共卫生财政支出的相应恶化，因此，只能用各种税费的收入来补充农村医疗保健的支出，使农户的经济负担进一步加重。据统计，2005 年，在农村卫生室总收入中，90%以上的收入是由农民个人承担的，而财政支付的部分竟不到 2%。

最后，城镇的收入水平较高，却占据着大部分的医疗保健补贴，农村地区的收入水平较低，所能获得的医疗保健补贴却极为有限。根据《中国统计年鉴》（2010 年）的数据，1978～2009 年，我国城乡居民的收入差距进一步扩大，由 1978 年的 2.57∶1 扩大到了 2009 年的 3.33∶1。城乡收入差距的进一步扩大意味着在医疗卫生费用的支付上，农村居民相对于城镇居民需要负担更多的机会成本。2009 年，城镇居民拥有 17174.65 元的年人均可支配收入，而农村居民仅有 5153.17 元的年人均纯收入，前者是后者的 3.3 倍。但是，在个人医疗卫生费用的支付上，城镇居民与农村居民具有相同的支付比例。这种不平衡的状况进一步提高了农户的经济成本，甚至让相当多的农民"因病致贫，因贫返病"，难以得到及时的医疗救助。

3. 我国农村劳动力培训状况

在农村劳动力培训和迁移上，农村职业技能培训的供给水平和投入规模仍然十分落后，绝大多数农村劳动力都没有接受过任何培训。农村劳动力的迁移投资逐年提高，但对乡城迁移劳动力的技能培训普遍不足。

根据人力资本理论，人的技能水平也是人力资本构成的重要内容，而技能培训则是获取技能型人力资本的一条基本途径。农村劳动力获取从事农业生产和在非农业部门就业所需的技能主要依靠相关技能的专业培训，主要培训方式包括：专业机构举办的集中培训、企业对员工的岗位培训以及干中学等。对于乡城迁移劳动力，其技能培训的方式主要有：政府部门组织的专业集中培训、技工学校的专业培训及乡镇企业的岗位培训等。这里，将迁移投资视为对人力资本投资的重要形式，因此，迁移本身对提高人力资本配置效率具有基础性的作用。

关于农村劳动力的职业培训，近年来，我国农村地区的职业技能培训取得了一些进步。在技工专业培训方面，根据《中国劳动统计年鉴》的数据，2000 年，我国共有技工培训招生学校 3006 所，招收农业户口学生 230709 人，到 2009 年，招生学校数增加到 3064 所，招收农业户口学生数升至 1186474 人，技工学校的总体培训规模有所扩大，培训质量有所提高。在乡镇企业培训方面，近年来，乡镇企业的发展较为缓慢，因此，其在员工培训方面的整体投入水平也有所下降，只有其中一些效益较好、已成功实现由劳动密集型向资本密集型产业转型的高科技乡镇企业，出于其自身发展的需要，不断重视和加大对员工的职业技术培训投入。

总体而言，与我国农村劳动力庞大的就业需求相比，目前农村职业技能培训的供给水平和投入规模仍然十分落后，绝大多数农村劳动力并未接受过正规培训。根据陈浩 2007 年的研究数据，"平均 10 个农村劳动者中仅有 1 人左右接受过各种职业技能培训"。[①] 近年来，随着对乡城迁移劳动力的职业培训越来越受到政府的关心和重视，针对乡城迁移劳动力培训的"阳光工程"等项目逐步开展，对该领域的投资也在逐步增加。然而，就现状来看，整体水平仍然不尽如人意。根据《中国农村住户调查年鉴》（2010 年）的数据，2009 年，仍然有超过一半的乡城迁移劳动力没有接受过任何形式的职业培训，且在学历较低的外出劳动力中，受过职业培训者的比重更低。例如，在受教育程度为高中及以上的乡

---

① 陈浩：《人力资本与农村劳动力非农就业问题研究》，南京农业大学博士学位论文，2007。

城迁移劳动力中，有 55.0% 接受过职业培训，而仅有 26.3% 的文盲、半文盲乡城迁移劳动力接受过专业培训。

农村劳动力的迁移投资与乡城劳动力迁移的联系十分紧密。农业部门与非农业部门在预期收益上的较大差异，使农村劳动力向非农业部门转移的动机较为强烈，其也愿意为此支付一定的成本。交通及通信费用是乡城劳动力迁移成本的主要构成部分，如图 4－7 所示，20 世纪 90 年代以来，随着乡城劳动力迁移半径的扩大和迁移频率的增加，交通、通信费用占农村居民家庭消费的比重有显著提高。

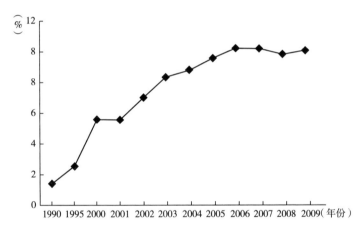

图 4－7　1990～2009 年交通、通信费用占农村家庭人均消费支出比重的变化
资料来源：《中国农村住户调查年鉴》（各相应年份）。

关于乡城迁移劳动力的技能培训，是最近几年才真正在全国范围内展开的。目前，在培训模式上，主要是在劳动者来源地进行培训，包括一般的职业培训和以就业岗位为导向的培训。但很多学者认为，这一模式存在一定弊端。从实际操作效果来看，这一模式的收效并不明显。其中的原因主要在于，相对于经济发展水平较高的城镇地区，劳动力来源地的经济发展水平较低，培训水平相对落后。此外，劳动力市场的供求信息不充分，也使来源地技能培训的质量不高。因此，转变现有模式，构建以劳动者迁入地为主、以来源地为辅的乡城迁移劳动力技能培训模式，是解决当前乡城迁移劳动力技能培训低效率问题的一条途径。

2004 年以来，在我国的沿海发达地区及一些中心城市相继出现了"技工荒"和"民工荒"现象，并逐渐向内地及中小城市蔓延。这一问题实际上是因我国农村外出劳动力的技能和素质不能适应企业技术进步、产业结构升级的步伐而产生的。因此，对乡城迁移劳动力进行与产业结构调整相适应的专业技能培训显得更加必要。加强对乡城迁移劳动力的职业技术培训，使其掌握更加专业的、更加适应现代化生产需要的技能，对于提高农村外出劳动力的经济地位和社会地位的作用显而易见。根据有关资料，"在荷兰，各类初级以上的农业职业技术学校有 1200 多所，对应着全国 26 万左右的农民，所有农村劳动力中，中专以下受教育水平的只占不到 10%；而在我国 4.9 亿农村劳动力中，仅有 9.1% 受过各类专业技能培训，接受过农业职业培训的还不足 5%"。[①] 造成乡城迁移劳动力接受技能培训不足的原因主要表现在 4 个方面：①农民自身在思想上没有意识到技能培训的重要性，或虽然有意愿，但因为经济条件有限而无力参加培训，大多数农村劳动力正属于后者；②政府对农村劳动力技能培训的重视程度和执行力度不够，投入资金过少，各部门的职责划分不清晰，造成了严重的资源浪费；③培训机构在课程设置、技能培养等方面还不能较有效地满足市场需要，培训机构的市场秩序不规范，有些培训机构的收费过高，使农村劳动力不愿参加；④由于乡城迁移劳动力的就业不稳定性较强，企业不愿对农民工的培训投入过多。

---

① 邢红、刘俊昌等：《关于我国农村剩余劳动力问题的思考》，《北京林业大学学报》（社会科学版）2005 年第 3 期。

第5章　我国乡城劳动力迁移与农村人力资本提升的弱相关性

从第 3 章可以看到，当满足一定的条件、范围时，乡城劳动力迁移与农村人力资本提升具有强相关关系，这一关系在一定的迁移规模下具有长期性。但从我国乡城劳动力迁移与农村人力资本积累的特殊路径来看，由于宏观经济政策、产业结构政策、农村地区人力资本水平以及现有的制度环境等因素的变迁和影响，我国的乡城劳动力在迁移进程中还存在很多问题和障碍。事实上，我们实际观察到的是，农业劳动力和乡城迁移劳动力群体的整体文化素质和技能水平虽有所提高，但幅度并不大，并没有出现真正"质的飞跃"，其与城市非农业部门劳动力的整体差距仍在不断扩大。在宏观上，乡城劳动力迁移所导致的农业部门人力资本流失以及农村留守劳动力人力资本结构劣化的现象仍然比较普遍；在微观上，现阶段农村家庭对人力资本投资的意愿和能力仍然不足。

由此延伸出的问题是：在转轨阶段，我国的乡城劳动力迁移是否对农村人力资本提升具有强相关作用？我国的现实情况与理论预期是否完全一致？

对于上述问题的回答，本章在前文论述的基础上，先用时间序列分析方法对我国的具体情况进行检验，从而得到转轨阶段我国乡城劳动力迁移与农村人力资本积累的具体关系，进而验证转轨阶段我国的乡城劳动力迁移与农村人力资本提升是否具有理论模型所揭示的一般强相关关系，之后再进一步对我国乡城劳动力迁移中存在的问题与障碍进行深入剖析，从而对我国乡城劳动力迁移与农村人力资本提升具体关系的特殊性进行阐释和论证。

第一节 对我国乡城劳动力迁移与农村人力资本 积累关系的实证检验

我们先以 1985 ~ 2009 年的年度统计数据为依据，对我国乡城劳动力迁移与农村人力资本积累之间的具体关系进行实证分析，以检验我国的乡城劳动力迁移与农村人力资本提升是否具有理论模型所揭示的一般强相关关系。

首先，实证数据与指标选择。本章对农村人力资本的考察，从人力资本的流量和存量，即人力资本投资和人力资本存量水平两方面进行，以期较全面地反映农村地区的人力资本积累水平。当然，实践的发展使人力资本理论在进一步丰富。目前，人力资本的内涵更加丰富，不仅表现在人的受教育程度、健康程度、素质和技能水平上，还表现在劳动者对生活的乐观程度、对自身权利的认可和满意程度及劳动者的社会自组织能力等方面。同时，社会资本理论的产生和发展从另一个方面弥补了人力资本理论研究方法的不足，也更加深化了人力资本理论的研究，将人力资本理论从单纯的个体研究扩展到群体的、社会关系层面的领域。在本书中，由于劳动者对生活的乐观程度、对自身权利的认可和满意程度及劳动者的社会自组织能力这些因素较难量化，也难以收集和整理出现实的数据对其进行实证研究，故本章的时间序列分析仍然沿用了西方传统人力资本理论的研究方法。出于数据可获得性和变量可度量性的考虑，我们在选择反映农村人力资本水平的变量时，并没有纳入反映以上因素的变量。但结合人力资本理论的最新进展，对人力资本提升进行更全面的衡量，这无疑是在将来的研究中可以进一步深入进行的课题。

此外需要说明的是，在第 3 章关于乡城劳动力迁移与农村人力资本提升一般关系的理论模型中，为了简化分析的需要，我们仅将农业部门中受教育劳动者所占的比重作为衡量农业部门人力资本积累的变量。在本章，为了能够更全面地衡量和反映农村人力资本积累水平，从农村人力资本的存量和投资两个角度对其进行综合考察，将变量分为两组：反映农村人力资本存量水平的变量和反映农村人力资本投资水平的变量。

关于农村人力资本存量水平的衡量，由于现有数据的限制，只能从两方面对其进行衡量：第一，用农村居民家庭劳动力的平均受教育年限（以 EDUYR 表示），来反映农村劳动力的平均受教育程度；第二，用农村居民家庭劳动力中受教育程度为高中及以上劳动力所占的比重（以 HIGHSH 表示），来反映农村劳动力中具有较高受教育程度劳动者的比重。这两个指标的选取，沿用了 Acemoglu 2000 年对美国各州人力资本外部性的估算研究中以及 Liu 2008 年对中国农村地区人力资本外部性研究中的指标选取方法。EDUYR 和 HIGHSH 能够涵盖人力资本发挥作用的不同方面。由于 EDUYR 衡量了农村劳动力的平均受教育程度，它反映了具有生产能力的劳动力群体的总体可获得性，而 HIGHSH 则反映了农村地区受过相对良好教育的、具有较高文化素质的群体的可获得性。同时，由于知识和技能的外溢效应，这部分劳动力群体还能够帮助农村地区的其他劳动者提高生产力水平，也可以通过担任当地的企业负责人或村委会、乡政府领导等，带动其他劳动者提高生产力水平。

关于农村人力资本投资状况的衡量，我们用农村居民家庭消费支出中人力资本投资所占的比重来反映，以 HSH 表示。在该指标数据的处理上，与第 2 章对人力资本的内涵分析相一致，主要从教育投资、健康保健投资、培训迁移投资 3 个方面对其进行计算，从而获得 1985~2009 年该指标的年度观测值。

关于乡城劳动力迁移，本章主要采用以下两个指标对其进行衡量。第一，农村劳动力中非农业部门从业人员占农村劳动力的比重（以 MIGSH 表示）。该指标主要反映了乡城劳动力迁移的规模。第二，农村居民家庭人均纯收入中非农业收入所占的比重（以 NAISH 表示）。该指标用农村居民家庭人均纯收入中的工资性收入来衡量①，能够反映迁移收入在农户家庭人均纯收入中的比重，因此是从收入角度对乡城劳动力迁移的一种考察。

本章对历年《中国统计年鉴》、《中国农村统计年鉴》和《中国农村住户调查年鉴》的数据进行了整理和计算，选取 1985~2009 年以上相应指标的年度统计数据，对我国乡城劳动力迁移对农村人力资本的影响进行分析。

其次，在计量分析方法上，本章用协整分析方法对乡城劳动力迁移与农村人力资本水平的关系，以及乡城劳动力迁移与农村人力资本投资的关系分别进行考察。根据协整理论，如果在具有相同协整阶数的时间序列变量之间存在协整关系，那么时间序列变量之间就存在一个长期的平稳均衡关系，而这能够有效地避免出现伪回归。

分析步骤是：第一，对变量的平稳性进行单位根检验；第二，

---

① 按照收入来源划分，农村居民家庭人均纯收入包括工资性收入、家庭经营收入、财产性收入、转移性收入。由于转移性收入占人均纯收入的比重较小，故将工资性收入归入非农业收入，农业收入则包括家庭经营收入和财产性收入。

根据变量的平稳性进行协整检验，看长期的均衡关系是否存在于变量之间；第三，通过确立误差修正模型（VECM），来反映长期均衡中的偏差对短期变化的影响；第四，用格兰杰因果关系检验（Granger Causality Test）来分析变量间的长期和短期因果关系；第五，用脉冲响应函数（Impulse Response Function，IRF）和方差分解方法（Variance Decomposition Method）分析随机扰动项一个标准差的单位正向冲击对内生变量的当期值与滞后值的影响。

由于变量的对数形式并不改变变量之间的协整关系，又由于时间序列变量的波动范围较大，为了减弱异方差性，我们对所有的时间序列变量取自然对数的形式，以降低数据的剧烈波动对拟合效果的影响。① 各变量的名称记录如下：①农村居民家庭消费支出中人力资本投资所占的比重 LnHSH；②农村家庭劳动力的平均受教育年限 LnEDUYR；③农村家庭劳动力中受教育程度为高中及以上劳动力所占的比重 LnHIGHSH；④农村劳动力中非农业部门从业人员占农村劳动力的比重 LnMIGSH；⑤农村家庭人均纯收入中非农业收入所占的比重 LnNAISH。

一　乡城劳动力迁移与农村人力资本存量水平的弱相关性

1. 乡城劳动力迁移与农村劳动力人力资本水平的变化趋势

根据《中国农村统计年鉴》（2010 年）和《中国农村住户调查年鉴》（2010 年）的数据，图 5 - 1 显示了 1985~2009 年我国农村劳动力中受教育程度为高中及以上劳动者所占的比重变化，以及我国农村家庭劳动力平均受教育年限的变化。可以看出，1985~2009年，受教育程度为高中及以上劳动者占农村劳动力的比重由 7.4% 提

---

① 根据 Gujarati 1995 年的评述，对数形式能够缩小变量被衡量的范围。

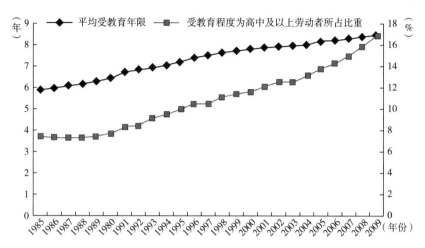

图 5 - 1　**1985 ~ 2009 年我国农村劳动力中受教育程度为高中及以上劳动者所占比重**
以及农村居民家庭劳动力平均受教育年限的变化

高到了 16. 7% , 提高了 9. 3 个百分点; 农村劳动力的平均受教育年
限则由 1985 年的 5. 898 年增加到了 2009 年的 8. 438 年, 而同时期的
文盲率则降低了 22 个百分点。

　　图 5 - 2 描绘了 1985 ~ 2009 年农村劳动力中非农业部门从业人
员占农村劳动力的比重变化, 以及农村家庭人均纯收入中非农业收

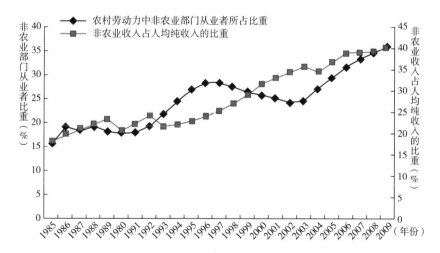

图 5 - 2　**1985 ~ 2009 年我国农村劳动力中非农业部门从业者所占比重和**
农村居民家庭人均纯收入中非农业收入比重的变化

入比重的变化。可以看出，1985～2009 年，农村非农业部门劳动力
所占的比重由 16% 提高到了 36.6%，25 年间上升了 20.6 个百分点；
而农村家庭非农业收入占人均纯收入的比重则由 1985 年的 18.16%
提高到了 2009 年的 40%，上升了 21.84 个百分点。

2. 各变量的相关关系

表 5 - 1 显示了各变量的相关关系矩阵。

表 5 - 1　各变量的相关关系矩阵

变　量	LnEDUYR	LnHIGHSH	LnMIGSH	LnNAISH
LnEDUYR	1.000000	0.975652	0.910050	0.923904
LnHIGHSH	0.975652	1.000000	0.922111	0.950089
LnMIGSH	0.910050	0.922111	1.000000	0.814947
LnNAISH	0.923904	0.950089	0.814947	1.000000

由表 5 - 1 可以看出，LnEDUYR 与 LnHIGHSH，LnEDUYR 与
LnMIGSH，LnEDUYR 与 LnNAISH，LnHIGHSH 与 LnMIGSH，Ln-
HIGHSH 与 LnNAISH，以及 LnMIGSH 与 LnNAISH 之间都存在较强的
相关性，相关系数分别为 0.975652、0.910050、0.923904、
0.950089 和 0.814947。

图 5 - 3 （a）、（b）、（c）、（d）、（e）和（f）分别描绘了 6 组
相关关系的散点图，清晰地显示出以上 6 组正相关关系。

3. 对时间序列变量稳定性的单位根检验和协整检验

根据协整理论，只有在各时间序列变量是同阶单整时，才能对
其进行协整分析。因此，首先要对各时间序列做单位根检验，从而
对时间序列的单整阶数进行确定。本书在对 4 组时间序列变量及其
差分做单位根检验时，采用 DF - GLS 检验和 PP 检验，表 5 - 2 （a）
和（b）显示了检验结果。

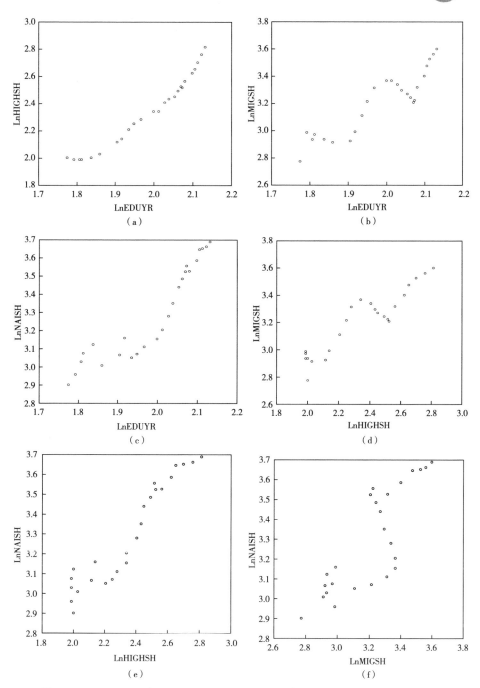

图 5 - 3　LnEDUYR 与 LnHIGHSH，LnEDUYR 与 LnMIGSH，LnEDUYR 与
LnNAISH，LnHIGHSH 与 LnMIGSH，LnHIGHSH 与 LnNAISH，
LnMIGSH 与 LnNAISH 的相关关系

表 5 - 2   时间序列变量的单位根检验

(a) DF - GLS 时间序列变量稳定性的单位根检验

变　量	检验形式 (C, T, K)	DF - GLS 值	5% 临界值	D - W 值	是否稳定
LnEDUYR	(C, T, 5)	- 2.647068	- 3.190000	1.913943	否
LnEDUYR	(C, 0, 5)	- 0.745706	- 1.960171	1.693455	否
D (LnEDUYR)	(C, 0, 5)	- 3.716907	- 1.956406	2.082600	是
LnHIGHSH	(C, 0, 3)	- 0.611461	- 1.958088	1.906364	否
LnHIGHSH	(C, T, 0)	- 2.617048	- 3.190000	1.508029	否
D (LnHIGHSH)	(C, 0, 2)	- 1.267077	- 1.958088	1.835112	否
LnMIGSH	(C, 0, 2)	- 1.310592	- 1.957204	1.111972	否
LnMIGSH	(C, T, 1)	- 2.516802	- 3.190000	1.252948	否
D (LnMIGSH)	(C, 0, 1)	- 1.457287	- 1.957204	1.161487	否
LnNAISH	(C, 0, 3)	0.026315	- 1.958088	2.053012	否
LnNAISH	(C, T, 5)	- 3.185988	- 3.190000	1.737957	否
D (LnNAISH)	(C, 0, 2)	- 2.107606	- 1.958088	1.942652	是

注: D 表示一阶差分。在 (C, T, K) 检验形式中, C 表示当单位根检验方程式包含截距项时; T 表示当单位根检验方程式包含趋势项时; K 表示滞后期长度。

(b) PP 单位根检验

变　量	检验形式 (C, T, K)	PP 值	5% 临界值	D - W 值	是否稳定
LnEDUYR	(C, T, 1)	- 0.457391	- 3.612199	1.922489	否
LnEDUYR	(C, 0, 1)	- 2.494211	- 2.991878	1.918040	否
D (LnEDUYR)	(C, 0, 2)	- 3.695030	- 2.998064	2.085869	是
LnHIGHSH	(C, 0, 2)	1.368931	- 2.991878	1.949245	否
LnHIGHSH	(C, T, 2)	- 3.182605	- 3.612199	1.882105	否
D (LnHIGHSH)	(C, 0, 0)	- 4.610510	- 2.998064	2.159106	是
LnMIGSH	(C, 0, 2)	- 1.148701	- 2.991878	1.049084	否
LnMIGSH	(C, T, 2)	- 2.204461	- 3.612199	0.926516	否
D (LnMIGSH)	(C, 0, 2)	- 4.265798	- 2.998064	0.996085	是
LnNAISH	(C, 0, 5)	- 0.424856	- 2.991878	2.121926	否
LnNAISH	(C, T, 1)	- 1.954906	- 3.612199	1.873391	否
D (LnNAISH)	(C, 0, 5)	- 5.007514	- 2.998064	2.044453	是

注: D 表示一阶差分。在 (C, T, K) 检验形式中, C 表示单位根检验方程式包含截距项时; T 表示单位根检验方程式包含趋势项时; K 表示滞后期长度。

　　由表 5 – 2 可以看出，无论 DF – GLS 检验还是 PP 检验，各变量都是非平稳的原始序列。当对各变量的一阶差分序列进行单位根检验时，DF – GLS 检验的结果显示，除了 LnHIGHSH 和 LnMIGSH 之外，各序列的一阶差分都是平稳的，PP 检验的结果显示，各变量都是平稳的一阶差分序列。由此，可以认为 4 个时间序列变量都是一阶单整的 I（1）序列。

　　当 4 个时间序列变量都是 I（1）序列时，可以通过协整检验来判断长期的均衡关系是否存在于变量之间。本书采用 Johansen 于 1990 年提出的多变量最大似然方法对变量间的长期均衡关系进行检验。Johansen 协整检验方法以 VAR 模型（向量自回归模型，Vector Autoregression Model）为基础，所以，需要先确定 VAR 的结构，即判断 VAR 的滞后期，然后再进行协整检验。为了保持一个合适的自由度和降低残差的自相关性，首先选择 3 作为最大滞后阶数，然后从滞后阶数 3 到滞后阶数 1 逐步尝试，以确定最优的滞后阶数。滞后阶数的选择标准包括 LogL、LR、FPE、AIC、SC 和 HQ，表 5 – 3 显示了 VAR 模型滞后阶数选择的结果。

表 5 – 3　VAR 模型滞后期的选择标准

滞后阶数	LogL	LR	FPE	AIC	SC	HQ
0	195. 2696	NA	3. 30e – 13	– 17. 38815	– 17. 18978 *	– 17. 34142
1	216. 0156	32. 06200 *	2. 21e – 13 *	– 17. 81960 *	– 16. 82774	– 17. 58595 *
2	225. 7786	11. 53807	4. 63e – 13	– 17. 25260	– 15. 46726	– 16. 83203

注：＊表示该滞后阶数被相应的选择标准所选择。

LR：序列修改的似然比检验统计量（每次检验均为 5% 的显著性水平）。

FPE：最终预报误差准则。

AIC：Akaike 信息选择标准。

SC：Schwarz 信息选择标准。

HQ：Hannan – Quinn 信息选择标准。

　　由表 5 – 3，LR、FPE、AIC 和 HQ 4 种标准都选择了 1 阶滞后，

故采用 VAR（1）模型进行协整检验。给无限制条件的 VAR 模型加上协整限制条件，可以得到用于协整检验的 VAR 模型。因为无限制条件的 VAR 的最优滞后阶数是 1，那么，用于协整检验的 VAR 的滞后阶数是 0。Johansen 协整检验的结果见表 5 - 4。这里，我们采用截距项和时间趋势项包含在协整方程中而 VAR 方程中不包含截距项的模型。

表 5 - 4　Johansen 协整检验

（a）不受限制的协整秩检验（跟踪检验）

假设		跟踪检验	0.05（显著性水平为 0.05）	
协整方程数	Eigen 值	统计量	临界值	Prob.** （伴随概率）
0*	0.846956	73.95203	63.87610	0.0056
最多为 1	0.460765	30.78030	42.91525	0.4566
最多为 2	0.361336	16.57541	25.87211	0.4472
最多为 3	0.238369	6.262749	12.51798	0.4277

注：跟踪检验显示：在 0.05 的显著性水平上，有 1 个协整方程。

*表示在 0.05 的显著性水平上拒绝原假设。

**表示 MacKinnon - Haug - Michelis（1999）p 值。

（b）不受限制的协整秩检验（最大 Eigen 值）

假设		最大 Eigen 值	0.05（显著性水平为 0.05）	
协整方程数	Eigen 值	统计量	临界值	Prob.** （伴随概率）
0*	0.846956	43.17173	32.11832	0.0015
最多为 1	0.460765	14.20490	25.82321	0.7049
最多为 2	0.361336	10.31266	19.38704	0.5854
最多为 3	0.238369	6.262749	12.51798	0.4277

注：最大 Eigen 值检验显示：在 0.05 的显著性水平上，有 1 个协整方程。

*表示在 0.05 的显著性水平上拒绝原假设。

**表示 MacKinnon - Haug - Michelis（1999）p 值。

（c）1 个协整方程：Log L 240. 8589

标准化的协整系数（括号内为标准误差）

LnEDUYR	LnHIGHSH	LnMIGSH	LnNAISH	@ TREND（86）
1. 000000	0. 663462	0. 259317	0. 826836	− 0. 073599
	（0. 15174）	（0. 04794）	（0. 06968）	（0. 00593）

如表 5 - 4 所示，跟踪统计检验和最大 Eigen 值检验在 5% 的显著水平下，都表明仅有一个协整方程存在于变量之间。表 5 - 4（c）反映了 LnEDUYR、LnHIGHSH、LnMIGSH 和 LnNAISH 的长期均衡关系，这表明在乡城劳动力迁移与农村人力资本水平之间存在一个此消彼长的关系。协整方程可以写为：

$$ecm_t = \text{Ln}EDUYR_t + 0.663462\text{Ln}HIGHSH_t + 0.259317\text{Ln}MIGSH_t +$$
$$0.826836\text{Ln}NAISH_t - 0.073599Trend \tag{5-1}$$

4. 向量误差修正模型的估计

根据协整理论，当一组时间序列变量具有协整关系时，它们对应着一个误差修正模型。当 LnEDUYR、LnHIGHSH、LnMIGSH 和 LnNAISH 存在一个长期的均衡关系时，它们在短期内可能呈现非均衡性。相应的，VECM 所给出的修正项能够反映长期均衡的微小偏离对短期变化的影响。因此，我们可以对如下 VAR 系统建立误差修正模型。

$$\begin{pmatrix} \Delta\text{Ln}EDUYR_t \\ \Delta\text{Ln}HIGHSH_t \\ \Delta\text{Ln}MIGSH_t \\ \Delta\text{Ln}NAISH_t \end{pmatrix} = \begin{pmatrix} \alpha_1 \\ \alpha_2 \\ \alpha_3 \\ \alpha_4 \end{pmatrix} + \begin{pmatrix} \beta_1 \\ \beta_2 \\ \beta_3 \\ \beta_4 \end{pmatrix} ecm_{t-1} + \sum_{i=1}^{k} A_i \begin{pmatrix} \Delta\text{Ln}EDUYR_{t-i} \\ \Delta\text{Ln}HIGHSH_{t-i} \\ \Delta\text{Ln}MIGSH_{t-i} \\ \Delta\text{Ln}NAISH_{t-i} \end{pmatrix}$$
$$+ \begin{pmatrix} \varepsilon_{1t} \\ \varepsilon_{2t} \\ \varepsilon_{3t} \\ \varepsilon_{4t} \end{pmatrix} \tag{5-2}$$

在（5-2）式中，$\begin{pmatrix}\alpha_1\\\alpha_2\\\alpha_3\\\alpha_4\end{pmatrix}$ 是截距项，为 4 维列向量，k 是滞后阶

数，A_i（$i=1$，2，…，k）是 4×4 阶矩阵，$\begin{pmatrix}\varepsilon_{1t}\\\varepsilon_{2t}\\\varepsilon_{3t}\\\varepsilon_{4t}\end{pmatrix}$ 是 4 维随机扰动列

向量。

用 OLS 对 VAR 模型进行估计，从而得到对该模型有效且一致的估计量。根据已有的滞后阶数标准，我们选择 VAR（1）对（5-2）式进行估计，估计结果见表 5-5。

表 5-5　VECM 估计结果

误差修正	D（LnEDUYR）	D（LnHIGHSH）	D（LnMIGSH）	D（LnNAISH）
协整方程 1	-0.150868	-0.486475	-1.221873	-0.034017
	(0.06070)	(0.18073)	(0.33517)	(0.49029)
	[-2.48560]	[-2.69179]	[-3.64551]	[-1.70166]
D [LnEDUYR（-1）]	0.193099	-1.238231	-2.775701	0.995719
	(0.19942)	(0.59378)	(1.10122)	(1.61088)
	[0.96829]	[-2.08533]	[-2.52056]	[0.61812]
D [LnHIGHSH（-1）]	-0.149180	0.084838	0.814998	0.341641
	(0.06557)	(0.19525)	(0.36210)	(0.52969)
	[-2.27499]	[0.43452]	[2.25073]	[0.64499]
D [LnMIGSH（-1）]	-0.004355	-0.024396	0.209178	0.022042
	(0.02332)	(0.06943)	(0.12876)	(0.18835)
	[-0.18679]	[-0.35138]	[1.62454]	[0.11703]
D [LnNAISH（-1）]	-0.002747	0.121105	0.665558	-0.259405
	(0.05064)	(0.15079)	(0.27965)	(0.40908)

续表

误差修正	D（LnEDUYR）	D（LnHIGHSH）	D（LnMIGSH）	D（LnNAISH）
C	［-0.05424］	［0.80314］	［2.37994］	［-0.63412］
	0.017036	0.048776	0.012675	0.013273
	（0.00337）	（0.01004）	（0.01863）	（0.02725）
	［5.04992］	［4.85578］	［0.68038］	［0.48706］

注：（）中显示回归系数的标准差，［］中显示系数的 T 统计量。

表 5 - 6 VECM 的统计检验结果

	D（LnEDUYR）	D（LnHIGHSH）	D（LnMIGSH）	D（LnNAISH）
R^2	0.577052	0.455977	0.591256	0.088930
残差平方和	0.000862	0.007645	0.026294	0.056263
标准误差方程	0.007122	0.021206	0.039328	0.057529
F 统计量	4.638821	2.849732	4.918171	0.331878
LogL（对数似然估计值）	84.56572	59.47072	45.26442	36.51626
Akaike 信息选择标准	-6.831802	-4.649628	-3.414298	-2.653587
Schwarz 信息选择标准	-6.535586	-4.353412	-3.118082	-2.357372
因变量均值	0.014804	0.035980	0.026713	0.031789
因变量标准差	0.009627	0.025273	0.054074	0.052982
残差协方差行列式（修正后的自由度）	3.16E - 14			
残差协方差行列式	9.42E - 15			
LogL（对数似然估计值）	240.8589			
Akaike 信息选择标准	-18.42252			
Schwarz 选择标准	-16.99081			

由表 5 - 5 和表 5 - 6 可以看出，除了 D（LnNAISII）的拟合效果不是十分理想之外，其他 3 个方程的拟合效果都较好，R^2 值都在 0.45 以上。从表 5 - 5 的第 2 列可以发现，农村劳动力中高中及以上文化程度者所占比重的一阶滞后值对农村劳动力平均受教育年限具有显著的负效应，说明农村劳动力中具有较高受教育程度者比重的提高，并没有对农业部门的平均受教育程度产生明显的提升效应。这从一个侧面说明了具有较高文化技能的乡城劳动力迁往城市非农

业部门,其对农业部门未转移劳动力人力资本的提升作用还未明显地体现出来。从表5-5的第3列可以看出,农村劳动力平均受教育年限的一阶滞后值对农村受教育程度为高中及以上劳动者的比重具有显著的负效应,说明农村劳动力平均受教育年限的增加并没有较好地激励更多的劳动者接受更高层次的教育,这也与农民的传统思想和高等教育的高额成本有关。

从表5-5的第4列可以看出,农村劳动力平均受教育年限的一阶滞后值对农村劳动力中非农业部门从业人员的比重有显著的负效应。然而,受教育程度为高中及以上劳动者所占比重的一阶滞后值对农村劳动力中非农业部门从业人员的比重却有显著的正效应。这表明,我国农村劳动力平均受教育程度的提高还不足以让更多的农业部门劳动力真正从事或胜任非农业部门的工作。同时,由于非农业部门对劳动者技能、素质、学历等方面存在门槛,具有较高受教育程度的农村劳动力更易于由农业部门迁入非农业部门就业。

从表5-5的第2列和第3列还可以看出,非农业收入比重的一阶滞后值及非农业部门劳动力比重的一阶滞后值对当前农村人力资本水平的提升效应并不显著,即乡城劳动力迁移下的农村人力资本提升机制还没有明显地体现出来。这主要是由于在较低的家庭收入水平下,乡城劳动力迁移所得收入的主要用途仍是补贴家用,用于衣、食、住、行等必需的生活消费,而教育、培训、迁移等人力资本支出依然占据较小的部分。同时,受预算约束和投资风险的影响,农户家庭对人力资本的投资也较为慎重,而由于乡城劳动力迁移具有不稳定性,加上大部分外出劳动力的就业岗位对技能、知识水平的要求较低,因此对乡村人力资本水平的带动作用有限。从第4列可以看到,非农业收入比重的提高对农村非农就业的比重具有显著的正效应,说明非农业收入比重的提高能够激励乡城劳动力迁移。而随着更多的农村劳动力转移到非农业部门就业，乡城劳动力迁移对农村人力资本水平的提升效应仍需要更多的时间体现出来。

5. 格兰杰因果关系检验

既然长期的均衡关系存在于乡城劳动力迁移与农村人力资本水平之间，说明存在某一个方向上的格兰杰因果关系。表 5 - 7 显示了基于不同滞后阶数的乡城劳动力迁移变量和农村人力资本水平变量的格兰杰因果关系检验结果。

表 5 - 7　变量间的格兰杰因果关系检验结果

滞后阶数：1			
原假设	观测值个数	F 统计量	伴随概率
LnMIGSH 不是 LnEDUYR 的格兰杰原因	24	0.34200	0.5649
LnEDUYR 不是 LnMIGSH 的格兰杰原因		1.30566	0.2660
LnNAISH 不是 LnEDUYR 的格兰杰原因	24	1.90772	0.1817
LnEDUYR 不是 LnNAISH 的格兰杰原因		2.92595	0.1019
LnMIGSH 不是 LnHIGHSH 的格兰杰原因	24	0.53632	0.4721
LnHIGHSH 不是 LnMIGSH 的格兰杰原因		3.97129	0.0594
LnNAISH 不是 LnHIGHSH 的格兰杰原因	24	5.0E - 06	0.9982
LnHIGHSH 不是 LnNAISH 的格兰杰原因		6.21337	0.0211
滞后阶数：2			
LnMIGSH 不是 LnEDUYR 的格兰杰原因	23	0.10586	0.9001
LnEDUYR 不是 LnMIGSH 的格兰杰原因		3.30625	0.0598
LnNAISH 不是 LnEDUYR 的格兰杰原因	23	3.87337	0.0399
LnEDUYR 不是 LnNAISH 的格兰杰原因		1.50786	0.2481
LnMIGSH 不是 LnHIGHSH 的格兰杰原因	23	0.05351	0.9481
LnHIGHSH 不是 LnMIGSH 的格兰杰原因		3.52546	0.0511
LnNAISH 不是 LnHIGHSH 的格兰杰原因	23	2.74170	0.0913
LnHIGHSH 不是 LnNAISH 的格兰杰原因		2.56155	0.1050

续表

滞后阶数：1			
原假设	观测值个数	F 统计量	伴随概率
滞后阶数：3			
LnMIGSH 不是 LnEDUYR 的格兰杰原因	22	2.41257	0.1073
LnEDUYR 不是 LnMIGSH 的格兰杰原因		9.78694	0.0008
LnNAISH 不是 LnEDUYR 的格兰杰原因	22	2.10569	0.1424
LnEDUYR 不是 LnNAISH 的格兰杰原因		1.35988	0.2929
LnMIGSH 不是 LnHIGHSH 的格兰杰原因	22	1.07081	0.3911
LnHIGHSH 不是 LnMIGSH 的格兰杰原因		12.5859	0.0002
LnNAISH 不是 LnHIGHSH 的格兰杰原因	22	2.30736	0.1181
LnHIGHSH 不是 LnNAISH 的格兰杰原因		3.05375	0.0609

由表 5-7 可知，在滞后 1 期时，农村劳动力非农就业比重与农村劳动力平均受教育年限互相都不是对方的格兰杰原因；到了滞后 2 期，农村劳动力平均受教育年限是农村劳动力非农就业比重的格兰杰原因；而到了滞后 3 期时，在 5% 的置信度下，二者存在双向的格兰杰因果关系。这表明，乡城劳动力向非农业部门的迁移对农村劳动力平均受教育程度的影响存在一个滞后期。

农村家庭非农业收入比重与农村劳动力平均受教育年限，在 5% 的置信度下，在滞后 1 期，后者是前者的格兰杰原因；到了滞后 2 期，非农业收入比重也是农村劳动力平均受教育年限的格兰杰原因。因此，非农业收入比重对农村劳动力平均受教育程度的影响也有一个滞后期。

关于农村劳动力非农业部门就业比重与农村劳动力中受教育程度为高中及以上劳动力的比重，滞后 1 期和滞后 2 期都表明后者是前者的格兰杰原因，而前者却并非后者的格兰杰原因，这与 VECM 的估计结果是相似的。

　　关于农村家庭非农业收入比重与农村劳动力中受教育程度为高中及以上劳动力的比重，在 5% 的置信度下，滞后 1 期和滞后 3 期都表明后者是前者的格兰杰原因，而滞后 2 期表明两者存在双向的格兰杰因果关系。这表明农村家庭非农业收入比重对具有较高受教育程度劳动力比重的影响具有一个滞后期。

　　表 5 - 8 显示了格兰杰因果关系检验的结论。可见，从短期看，乡城劳动力迁移对农村劳动力平均受教育程度和较高受教育程度农村劳动力比重的正向作用并不显著，但随着乡城劳动力迁移的持续进行，从长期来看，其对农村人力资本水平的正向作用会逐渐体现出来。

表 5 - 8　格兰杰因果关系结论

变　　量	短　　期	长　　期
LnMIGSH→LnEDUYR	否	是
LnEDUYR→LnMIGSH	是	是
LnNAISH→LnEDUYR	否	是
LnEDUYR→LnNAISH	是	否
LnMIGSH→LnHIGHSH	否	否
LnHIGHSH→ LnMIGSH	是	是
LnNAISH→LnHIGHSH	否	是
LnHIGHSH→LnNAISH	是	是

6. 脉冲响应函数

　　通过格兰杰因果关系检验，可以看出我国乡城劳动力迁移与农村人力资本水平的相互关系。下面就在 VAR（1）的基础上，分析乡城劳动力迁移及农村人力资本水平的脉冲响应。脉冲响应函数主要被用来分析在扰动项上加一个单位标准大小的冲击或新信号后，内生变量的当前值和将来值对它的响应。图 5 - 4 显示了 VECM 中关于各变量的脉冲响应结果。在图 5 - 4 中，LnEDUYR、LnHIGHSH、LnMIGSH 和 LnNAISH 4 个变量分别被赋予了一个正的单位标准冲

击，水平坐标轴表示滞后期，垂直坐标轴表示内生变量对单位标准
冲击的反应。

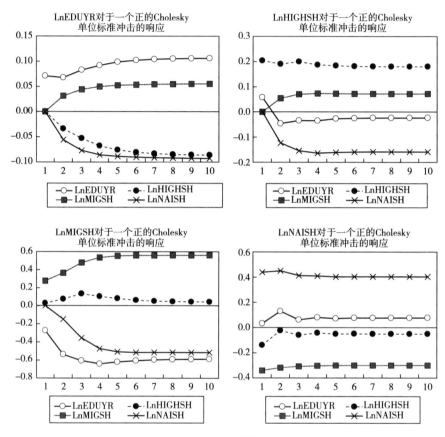

图 5-4　脉冲响应图示

从脉冲响应图可以看出，第一，对于农村劳动力非农业部门就
业比重一个标准差的正向冲击，农村劳动力平均受教育年限并没有
在当期立刻做出反应，随着农村劳动力非农业部门就业比重的影响
逐年增强，其对农村劳动力平均受教育程度的正向效应逐渐增强，
这表明乡城劳动力迁移对农村劳动力平均受教育程度的影响具有一
定的滞后性，需要经过一定的时间才能显现出来。与 VECM 的估计
结果相一致，从第 2 期起，受教育程度为高中及以上劳动力占农村

劳动力的比重及非农业收入占农户人均纯收入的比重对农村劳动力的平均受教育程度表现出负向的影响，这一影响逐渐增强，从第6期后表现得较为平稳。这说明乡城劳动力迁移所带来的具有较高人力资本水平劳动力的流失对农村人力资本积累具有不利影响。

第二，农村劳动力非农业部门就业比重一个标准差的正向冲击对农村劳动力中受教育程度为高中及以上者所占比重的影响并未在当期立刻体现，之后该影响逐渐增强，直到第3期才开始趋于稳定。与VECM的估计结果相似，非农业收入占农户人均纯收入的比重对受教育程度较高劳动力所占比重逐渐表现出负向的影响，这一影响逐渐增强，从第4期后才开始趋于平稳。而对农村劳动力平均受教育程度的单位正向冲击，受教育程度较高的劳动力所占比重开始表现出正向的反应，到第二期表现出负向的反应，之后该负向影响有所减弱，然后逐渐趋于稳定。

第三，农村劳动力平均受教育年限一个标准差的正向冲击对农村劳动力非农业部门就业比重从一开始就表现出负向的影响，之后这一影响逐渐增强，到第4期有所减弱，然后逐渐趋于稳定。农村劳动力非农业部门就业比重对受教育程度较高劳动力所占比重的单位标准正向冲击逐渐表现出持续的正向反应。

第四，农村劳动力平均受教育年限一个标准差的正向冲击对农户人均非农业收入比重具有正向的影响，且该影响在第2期有所增强，之后有所减弱，直到趋于平稳。而受教育程度较高的劳动力所占比重一个标准差的正向冲击对农户人均非农业收入比重则具有负向的影响，且该影响在第2期有所减弱，之后逐渐趋于平稳。

7. 结论

通过对1985~2009年我国乡城劳动力迁移和农村人力资本水平关系的实证分析，可以得出以下4个结论。

（1）乡城劳动力迁移与农村人力资本水平（由于数据的限制，这里以农村劳动力的平均受教育年限和受教育程度为高中及以上农村劳动力所占比重来衡量）存在长期均衡的协整关系。在样本区间内，农村劳动力非农业部门就业比重、农村家庭人均纯收入中非农业收入的比重、农村劳动力平均受教育年限、受教育程度为高中及以上农村劳动力所占比重均呈现稳定提升的趋势。

（2）根据 VAR 模型的估计结果，非农业收入比重的一阶滞后值及非农业部门劳动力比重的一阶滞后值对当前农村人力资本水平的提升效应并不显著，乡城劳动力迁移作用下的农村人力资本提升机制在短期内并没有明显地体现出来，即在短期内，我国乡城劳动力迁移对农村人力资本水平的提升表现出弱相关性。这主要是由于较高人力资本水平劳动力的迁出造成农业部门人才流失，还由于农村人均收入水平相对较低，使得农户家庭进行人力资本投资时通常很谨慎。

（3）根据格兰杰因果关系检验，从长期来看，农村劳动力中非农业部门就业比重与农村劳动力的平均受教育年限、非农业收入占农村家庭人均纯收入的比重与受教育程度为高中及以上农村劳动力所占的比重之间存在双向的格兰杰因果关系。此外，受教育程度为高中及以上农村劳动力所占的比重是农村劳动力中非农业部门就业比重的格兰杰原因，非农业收入占农村家庭人均纯收入的比重是农村劳动力的平均受教育年限的格兰杰原因。

（4）从脉冲响应函数可以看出，农村劳动力中非农业部门就业比重对农村劳动力的平均受教育年限的影响具有一定的滞后性，需要经过一段时间才能表现出来，农村劳动力中非农业部门就业比重对农村劳动力中受教育程度为高中及以上者所占比重的影响在长期内为正向且趋于稳定，非农业收入占农户人均纯收入的比重对农村劳动力的平均受教育年限和受教育程度较高劳动力的比重都逐渐表现出负向的影响,这与农业部门高人力资本劳动力的选择性迁出有关。综合来看,乡城劳动力迁移与农村人力资本存量水平呈现弱相关性。

二　乡城劳动力迁移与农村人力资本投资的关系

1. 乡城劳动力迁移与农村人力资本投资的变化趋势

根据《中国统计年鉴》(2010 年)和《中国农村统计年鉴》(2010 年)的数据,图 5 - 5 显示了 1985 ~ 2009 年我国农村居民家庭人力资本支出占人均消费支出比重的变化。可以看出,1985 ~ 2009 年,我国农村居民家庭人均消费支出中人力资本支出所占的比重由 8.10% 上升到了 25.82%,提高了 17.72 个百分点。

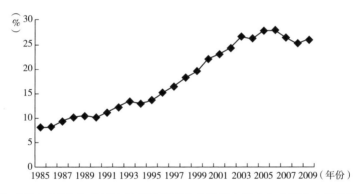

图 5 - 5　1985 ~ 2009 年我国农村居民家庭人均消费支出中人力资本支出比重的变化

2. LnMIGSH、LnNAISH 与 LnHSH 的相关关系

表 5 - 9 显示了 LnMIGSH、LnNAISH 与 LnHSH 的相关关系矩阵。

表 5 - 9　LnMIGSH、LnNAISH 与 LnHSH 的相关关系矩阵

变　量	LnHSH	LnMIGSH	LnNAISH
LnHSH	1.000000	0.852102	0.962348
LnMIGSH	0.852102	1.000000	0.814947
LnNAISH	0.962348	0.814947	1.000000

由表5-9可以看出，LnHSH与LnMIGSH、LnHSH与LnNAISH、LnMIGSH与LnNAISH之间都存在较强的相关关系，相关系数分别为0.852102、0.962348、0.814947。

图5-6（a）、（b）和（c）分别描绘了3组相关关系的散点图，清晰地显示出以上3组的正相关关系。

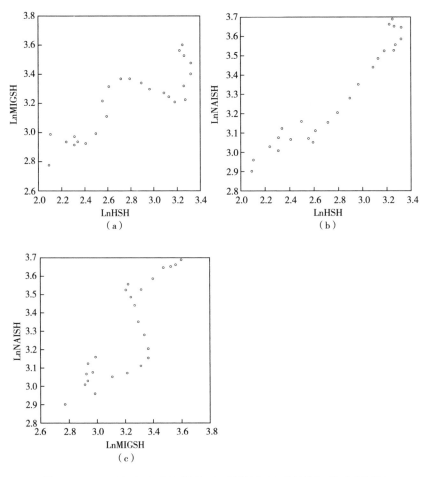

图5-6　LnHSH与LnMIGSH、LnHSH与LnNAISH、LnMIGSH
与LnNAISH的相关关系

3. 对时间序列变量稳定性的单位根检验和协整检验

首先要对各时间序列变量进行单位根检验，使时间序列的单整阶数得以确定。这里对 4 组时间序列变量及其差分的单位根检验仍然采用 DF – GLS 检验和 PP 检验来进行，表 5 – 10（a）和（b）显示了检验结果。

表 5 – 10　时间序列变量的单位根检验

（a）DF – GLS 时间序列变量稳定性的单位根检验

变　量	检验形式 （C, T, K）	DF – GLS 值	5% 临界值	D – W 值	是否稳定
LnHSH	（C, T, 0）	– 0.775048	– 3.190000	1.431472	否
LnHSH	（C, 0, 5）	– 2.411549	– 1.960171	1.974915	是
D（LnHSH）	（C, 0, 0）	– 3.707593	– 1.956406	1.781537	是
LnMIGSH	（C, 0, 2）	– 1.310592	– 1.957204	1.111972	否
LnMIGSH	（C, T, 1）	– 2.516802	– 3.190000	1.252948	否
D（LnMIGSH）	（C, 0, 1）	– 1.457287	– 1.957204	1.161487	否
LnNAISH	（C, 0, 3）	0.026315	– 1.958088	2.053012	否
LnNAISH	（C, T, 5）	– 3.185988	– 3.190000	1.737957	否
D（LnNAISH）	（C, 0, 2）	– 2.107606	– 1.958088	1.942652	是

注：D 表示一阶差分。在（C, T, K）检验形式中，C 表示当单位根检验方程式包含截距项时；T 表示当单位根检验方程式包含趋势项时；K 表示滞后期长度。

（b）PP 单位根检验

变　量	检验形式 （C, T, K）	PP 值	5% 临界值	D – W 值	是否稳定
LnHSH	（C, T, 0）	– 0.171462	– 3.612199	1.731514	否
LnHSH	（C, 0, 1）	– 1.605751	– 2.991878	1.697492	否
D（LnHSH）	（C, 0, 0）	– 3.753328	– 2.998064	1.769877	是
LnMIGSH	（C, 0, 2）	– 1.148701	– 2.991878	1.049084	否
LnMIGSH	（C, T, 2）	– 2.204461	– 3.612199	0.926516	否
D（LnMIGSH）	（C, 0, 2）	– 4.265798	– 2.998064	0.996085	是
LnNAISH	（C, 0, 5）	– 0.424856	– 2.991878	2.121926	否
LnNAISH	（C, T, 1）	– 1.954906	– 3.612199	1.873391	否
D（LnNAISH）	（C, 0, 5）	– 5.007514	– 2.998064	2.044453	是

注：D 表示一阶差分。在（C, T, K）检验形式中，C 表示当单位根检验方程式包含截距项时；T 表示当单位根检验方程式包含趋势项时；K 表示滞后期长度。

由表 5 - 10 可以看出，无论 DF - GLS 检验还是 PP 检验，各变量的原始序列都是非平稳的。当对各变量的一阶差分序列进行单位根检验时，DF - GLS 检验的结果显示，除了 LnMIGSH 之外，各序列的一阶差分都是平稳的，PP 检验的结果显示，各序列的一阶差分全都平稳。由此，可以认为 3 个时间序列变量都是一阶单整的 I（1）序列。当 3 个时间序列变量都是 I（1）序列时，可以进行协整检验，从而判断长期的均衡关系是否存在于变量之间。这里仍然采用 Johansen 1990 年提出的多变量最大似然方法对变量间的长期均衡关系进行检验。

首先判断 VAR 模型的滞后期。为了保持一个合适的自由度和减弱残差的自相关性，首先选择 6 作为最大滞后阶数，然后从滞后阶数 6 到滞后阶数 1 逐步尝试，以确定最优的滞后阶数。表 5 - 11 显示了 VAR 模型滞后阶数选择的结果。

表 5 - 11　VAR 模型滞后阶数的选择标准

滞后阶数	LogL	LR	FPE	AIC	SC	HQ
0	34. 64436	NA	1. 28e - 05	- 2. 751683	- 2. 603575	- 2. 714434
1	116. 1402	134. 6453 *	2. 37e - 08 *	- 9. 055668 *	- 8. 463236 *	- 8. 906673 *
2	122. 8769	9. 372867	3. 03e - 08	- 8. 858864	- 7. 822108	- 8. 598123

注：＊表示该滞后阶数被相应的选择标准所选择。
LR：序列修改的似然比检验统计量（每次检验均为 5% 的显著性水平）。
FPE：最终预报误差准则。
AIC：Akaike 信息选择标准。
SC：Schwarz 信息选择标准。
HQ：Hannan - Quinn 信息选择标准。

由表 5 - 11 可知，LR、FPE、AIC、SC 和 HQ 都选择了 1 阶滞后，故采用 VAR（1）模型进行协整检验。由于无限制条件的 VAR 的最优滞后期是 1，那么，用于协整检验的 VAR 的滞后期是 0。表 5 - 12 显示了 Johansen 协整检验的结果。这里，我们采用协整方程中包含截距项而 VAR 方程中不包含截距项的模型。

表 5 – 12　Johansen 协整检验

（a）不受限制的协整秩检验（跟踪检验）

假设的协整 方程数	Eigen 值	跟踪检验的 统计量	显著性水平 为 0.05 时的临界值	Prob. ** （伴随概率）
0 *	0.690269	36.80678	35.19275	0.0332
最多为 1	0.293517	11.02169	20.26184	0.5400
最多为 2	0.142325	3.377654	9.164546	0.5126

注：跟踪检验显示：在 0.05 的显著性水平上，有 1 个协整方程。

* 表示在 0.05 的显著性水平上拒绝原假设。

**表示 MacKinnon – Haug – Michelis（1999）p 值。

（b）不受限制的协整秩检验（最大 Eigen 值）

假设的协整 方程数	Eigen 值	最大 Eigen 值 检验统计量	显著性水平为 0.05 时的临界值	Prob. ** （伴随概率）
0 *	0.690269	25.78509	22.29962	0.0156
最多为 1	0.293517	7.644035	15.89210	0.5907
最多为 2	0.142325	3.377654	9.164546	0.5126

注：最大 Eigen 值检验显示：在 0.05 的显著性水平上，有 1 个协整方程。

* 表示在 0.05 的显著性水平上拒绝原假设。

**表示 MacKinnon – Haug – Michelis（1999）p 值。

（c）1 个协整方程：LogL 116.0257

标准化的协整系数（括号内为标准误差）				
DLnHSH	DLnMIGSH	DLnNAISH	C	
1.000000	– 3.369892	– 10.50383	0.394934	
	(1.13766)	(1.57814)	(0.08714)	

　　由表 5 – 12 可以看出，跟踪统计检验和最大 Eigen 值检验在 5%
的显著性水平下，都显示变量间存在一个协整方程。表 5 – 12（c）
反映了 DLnHSH、DLnMIGSH 和 DLnNAISH 的长期均衡关系，这表明
在乡城劳动力迁移与农村人力资本投资的一阶差分之间存在同向变
化的关系。协整方程可以写为：

$$ecm_t = \Delta \text{Ln}HSH_t - 3.369892\Delta \text{Ln}MIGSH_t - 10.50383\Delta \text{Ln}NAISH_t + 0.394934C$$

$$(5-3)$$

4. 向量误差修正模型的估计

根据协整理论，当 DLnHSH、DLnMIGSH 和 DLnNAISH 存在一个长期的均衡关系时，它们在短期内可能呈现非均衡性。相应的，VECM 所给出的修正项能够反映长期均衡的微小偏离对短期变化的影响。下面我们就根据已有的滞后期标准，选取 VAR（1）对 VAR 模型的误差修正模型进行估计，表 5-13 显示了估计结果。

表 5-13　VECM 估计结果

误差修正	D（DLnHSH）	D（DLnMIGSH）	D（DLnNAISH）
D〔DLnHSH（-1）〕	-0.497321	0.136125	0.035024
	（0.20279）	（0.13382）	（0.19308）
	〔-2.45242〕	〔1.01722〕	〔0.18139〕
D〔DLnMIGSH（-1）〕	-0.049807	-0.121287	0.114089
	（0.19223）	（0.12686）	（0.18303）
	〔-0.25910〕	〔-0.95610〕	〔0.62332〕
D〔DLnNAISH（-1）〕	0.557739	0.219134	0.316816
	（0.26600）	（0.17553）	（0.25327）
	〔2.09678〕	〔1.24839〕	〔1.25092〕

注：（　）表示回归系数的标准差，〔　〕表示系数的 T 统计量。

表 5-14　VECM 统计检验结果

R^2	0.341269	0.243290	0.575112
修正的 R^2	0.231480	0.117172	0.504297
残差平方和	0.062693	0.027301	0.056836
标准误差方程	0.059017	0.038945	0.056192
F 统计量	3.108421	1.929066	8.121353
LogL（对数似然估计值）	33.24935	42.39380	34.32822

续表

R^2	0.341269	0.243290	0.575112
Akaike 信息选择标准	− 2.659032	− 3.490345	− 2.757111
Schwarz 信息选择标准	− 2.460660	− 3.291974	− 2.558740
被解释变量均值	− 0.004931	0.004143	− 0.001945
被解释变量标准差	0.067320	0.041449	0.079811
残差协方差行列式（修正后的自由度）		9.62E − 09	
残差协方差行列式		5.27E − 09	
LogL（对数似然估计值）		116.0257	
Akaike 信息选择标准		− 9.093243	
Schwarz 选择标准		− 8.299757	

由表 5 - 13 的第 2 列可以发现，农户人力资本投资比重的一阶滞后值对其当期值具有显著的负效应和解释力，说明农户过去时期的人力资本投资水平对于其当期的人力资本投资决策具有十分重要的影响。从表 5 - 13 的第 2 列还可以看出，农户非农业收入比重的一阶滞后值对农户人力资本投资占人均纯收入的比重具有显著的正效应。这与本书的预期是一致的，即乡城劳动力迁移所得的非农业收入能够促进农户家庭的人力资本投资，劳动力由农业部门转移到非农业部门就业所获得的收入使农村家庭的收入来源进一步多元化，也提高了农户家庭抵御风险的能力。

由于非农业部门的要素回报率一般比农业部门要高，迁移劳动力一般可以比留守在农业部门的劳动力获得更高的收入。而农业劳动力要想实现在非农业部门就业，就必须具备相应的素质和技能水平，这会使家庭更有动力加大对其成员的人力资本投资。本部分的估计结果证明了这一点。事实上，在当前的乡城劳动力迁移过程中，进入城市学校学习的农村居民子女已经越来越多，农村居民希望其子女在更好的环境中学习，接受高质量、高水平的教育，这直接反映了农村家庭对教育的质量、水平以及人力资本积累的重视。同时，近年来，农村家庭生育率有所下降，这也从另一个角度反映了农村家庭对人力资本重视程度的提高。生育率越高，对子女的教育投资水平往往越低，随着经济发展水平的不断提高，家庭更重视下一代的质量而非数量。[①]

如第 3 章所述，乡城劳动力迁移可以从宏观和微观两个层面提高家庭的收入水平。从微观上看，外出劳动力对家庭的汇款，能够用于购买生产资料、扩大家庭农业生产等，从而进一步提高家庭收入，而收入的增加又能够提高家庭对人力资本的支出，从而形成劳动力迁移与家庭人力资本积累的良性循环。有数据表明，我国的乡城迁移劳动力在去往异地后，其汇款比例比其他发展中国家高。[②] 这些转移的收入不仅使家庭收入更加多元化，也在一定程度上弥补了家庭成员迁出给家庭带来的成本和负担。从宏观上看，农业劳动力迁出后，提高了农村的人均土地占有率，土地的边际劳动生产率提高，规模效应更加显著，从而带来农产品产值的提高。根据《中国农村住户调查年鉴》（2010 年）的统计数据，在农村家庭人均纯收入中，来自农业生产的收入已经从 1990 年的 344.59 元增加到了 2009 年的 1497.93 元。家庭收入的增加，提高了农户对人力资本的支出能力。

从表 5 - 13 的第 3 列可以看出，农户非农业收入比重的一阶滞后值对农村劳动力非农业部门就业的比重具有正效应，虽然并不显著，表明

---

① Becker, Gary S., Murphy, Kevin M. and Tamura, Robert F., "Human Capital, Fertility, and Eeonomic Growth," *Journal of Political Economy*, 98 (5), 1990, pp. 12 - 37；郭剑雄、刘叶：《选择性迁移与农村劳动力的人力资本深化》，《人文杂志》2008 年第 4 期。

② 郭剑雄、刘叶：《选择性迁移与农村劳动力的人力资本深化》，《人文杂志》2008 年第 4 期。

农户非农业收入比重的提高有利于推动乡城迁移劳动力由农业部门转移到非农业部门，这与上一节的估计结果是一致的。从表 5 - 13 的第 4 列可以看出，农户非农业收入比重的一阶滞后值对其当期值具有正效应，虽然并不显著，说明农村居民家庭非农业收入占人均纯收入的比重具有一定的延续性，乡城劳动力向非农业部门的迁移具有持续性。

5. 格兰杰因果关系检验

既然长期的均衡关系存在于乡城劳动力迁移与农村人力资本投资之间，说明存在某个方向上的格兰杰因果关系。表 5 - 15 显示了基于不同滞后阶数的乡城劳动力迁移变量和农村人力资本投资的格兰杰因果关系检验结果。

表 5 - 15　变量间的格兰杰因果关系检验结果

向量误差修正模型（VEC）的格兰杰因果关系检验/含外生变量的 Wald 检验：
被解释变量：DLnHSH

如果去掉的变量	Chi - sq	自由度	伴随概率（Prob.）
DLnMIGSH	0.067132	1	0.7956
DLnNAISH	4.396497	1	0.0360
联合统计量	4.477762	2	0.1066

被解释变量：DLnMIGSH

如果去掉的变量	Chi - sq	自由度	伴随概率（Prob.）
DLnHSH	1.034728	1	0.3091
DLnNAISH	1.558471	1	0.2119
联合统计量	3.454591	2	0.1778

被解释变量：DLnNAISH

如果去掉的变量	Chi - sq	自由度	伴随概率（Prob.）
DLnHSH	0.032903	1	0.8561
DLnMIGSH	0.388532	1	0.5331
联合统计量	0.388745	2	0.8234

注：Prob. 指接受原假设的概率。

由表 5–15 可以看出，在滞后 2 期，农户非农业收入占人均收入的比重是农村家庭人力资本投资比重的格兰杰原因。而农户非农业收入比重与农村劳动力非农业部门就业比重，以及农村劳动力非农业部门就业比重与农户人力资本投资比重的格兰杰因果关系则很不显著。这进一步证实了本书的预期，即乡城劳动力迁移所得的非农业收入能够促进农村家庭的人力资本投资。这其中的原因包括：迁移劳动力对农村家庭的汇款及生产性效用的发挥，提高了农户家庭的生产能力和收入水平，使农户用于人力资本的支出随着收入的提高而相应增加，而农村人均土地占有率的提高，使农业生产的规模效应更加显著，进一步提高了农业产量和农民收入，从而提高了农户家庭对人力资本的支出能力。

6. 脉冲响应函数和方差分解

（1）脉冲响应函数

下面继续在 VAR（1）的基础上，分析乡城劳动力迁移及农村人力资本投资的脉冲响应。图 5–7 显示了 VECM 中各变量的脉冲响应结果。图中，LnHSH、LnMIGSH 和 LnNAISH 3 个变量分别被赋予了一个正的单位标准冲击，水平坐标轴表示滞后期，垂直坐标轴表示内生变量对单位标准冲击的反应。

从脉冲响应图中可以看出以下两点。第一，对于农村非农业部

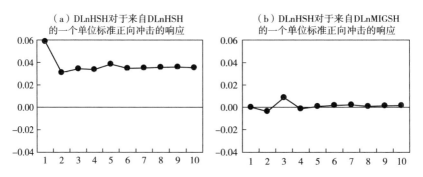

（a）DLnHSH对于来自DLnHSH的一个单位标准正向冲击的响应　　（b）DLnHSH对于来自DLnMIGSH的一个单位标准正向冲击的响应

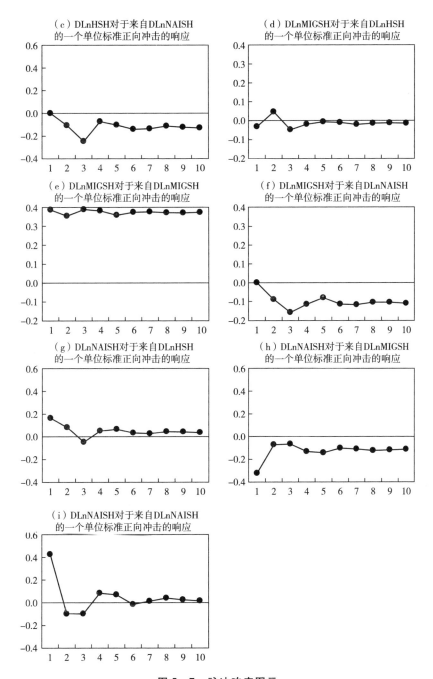

图 5 - 7　脉冲响应图示

门就业比重的一个单位标准正向冲击，农村家庭人力资本投资比重并未在当期做出反应，在第 2 期表现出负向的反应，之后非农业部门就业比重的影响逐渐增强并表现为正向影响，第 6 期后开始逐渐趋于稳定；对于农户非农收入比重的一个标准单位正向冲击，其对农村家庭人力资本投资比重的影响也是逐渐增强，到第 3 期开始减弱，然后趋于平稳。这仍然显示了乡城劳动力迁移对农村人力资本投资的重要影响，且该影响在短期内有波动，在长期内则趋于平稳。第二，对于农村家庭人力资本投资比重的一个单位标准正向冲击，其对非农业部门就业比重的影响先是显著增强，之后有所减弱，在第 5 期后逐渐趋于稳定；其对非农业收入比重的影响在第一期较大，之后逐渐减弱，到第 3 期降到最低，此后有所增强并趋于平稳。这说明，农村人力资本投资对乡城劳动力迁移的影响在短期内非常明显，在长期内则趋于稳定。

（2）方差分解

与脉冲响应分析互补，方差分解用于描述 VAR 中各变量的冲击对系统中内生变量动态变化的重要性。在具体方法上，就是按照成因，将系统中每个内生变量的均方误差（Mean Squared Error，MSE）分解成为自身冲击及其他变量冲击所构成的贡献率，进而估计各变量冲击对内生变量的相对重要性。表 5 - 16 显示了各变量方差分解的结果。

表 5 - 16　各变量的方差分解结果

DLnHSH 的方差分解

期数	标准误差	DLnHSH	DLnMIGSH	DLnNAISH
1	0.059017	100.0000	0.000000	0.000000
2	0.067676	97.16067	0.326429	2.512904
3	0.080421	87.28169	1.385634	11.33267

DLnHSH 的方差分解

期数	标准误差	DLnHSH	DLnMIGSH	DLnNAISH
4	0.087581	88.55560	1.194832	10.24957
5	0.096294	89.35355	0.993585	9.652866
6	0.103402	88.86461	0.884493	10.25090
7	0.110115	88.58579	0.815400	10.59881
8	0.116380	88.81472	0.734594	10.45069
9	0.122480	88.85379	0.673561	10.47265
10	0.128197	88.77898	0.628127	10.59290

DLnMIGSH 的方差分解

期数	标准误差	DLnHSH	DLnMIGSH	DLnNAISH
1	0.038945	0.704699	99.29530	0.000000
2	0.053669	1.100806	96.13615	2.763045
3	0.068386	1.179902	91.76193	7.058167
4	0.079253	0.938249	91.68868	7.373071
5	0.087407	0.778300	92.32899	6.892713
6	0.095837	0.659421	92.18440	7.156181
7	0.103689	0.603721	92.00327	7.393005
8	0.110711	0.546708	92.06794	7.385355
9	0.117264	0.499423	92.12225	7.378329
10	0.123610	0.464324	92.09446	7.441216

DLnNAISH 的方差分解

期数	标准误差	DLnHSH	DLnMIGSH	DLnNAISH
1	0.056192	8.566734	33.35155	58.08171
2	0.058115	10.00256	32.77107	57.22637
3	0.059523	10.20936	32.52725	57.26339
4	0.061787	10.15213	34.88282	54.96505
5	0.064172	10.48048	37.39687	52.12265
6	0.065103	10.42636	38.87612	50.69752
7	0.066133	10.26449	40.57050	49.16501
8	0.067574	10.27276	42.28907	47.43816

续表

DLnNAISH 的方差分解

期数	标准误差	DLnHSH	DLnMIGSH	DLnNAISH
9	0.068814	10.28328	43.84664	45.87009
10	0.069882	10.23377	45.24098	44.52525

Cholesky 排序：DLnHSH DLnMIGSH DLnNAISH

从方差分解结果可以看出以下两点。第一，农村居民家庭人力资本投资的波动，在短期内主要归因于其自身的冲击，之后其自身的冲击开始逐渐减小。从长期来看，非农业收入比重对农村居民家庭人力资本投资的贡献率逐渐提高，到第 10 期达到 10.5929%，这印证了乡城劳动力迁移的收入对农村人力资本投资具有一定的影响。第二，从对非农业部门就业比重的方差分解来看，其自身的贡献率开始较高，之后逐期降低，而非农收入比重的贡献率则是逐期提高。关于农村人均纯收入中非农业收入的比重，从长期来看，其自身的贡献率逐期降低，而非农业部门就业比重的贡献率则逐期上升，到第 10 期，非农业部门就业比重的贡献率已经达到 45.24098%，为各因素中贡献率最高的。这印证了农村劳动力非农业部门就业比重对农户非农业收入占人均纯收入比重的影响。

7. 结论

通过对 1985～2009 年我国乡城劳动力迁移和农村人力资本投资关系的实证分析，可以得出以下 4 个结论。

（1）乡城劳动力迁移与农村人力资本投资存在长期均衡的协整关系。[1] 在样本区间内，农村非农业部门就业比重、农村家庭人均纯收入中非农业收入的比重，以及农村家庭消费支出中人力资本投资

---

[1] 由于数据的限制，在进行数据计算时，农村居民家庭的人力资本投资主要包括教育投资、健康保健投资和培训迁移投资。

所占的比重均呈现稳定提升的趋势。

（2）根据 VAR 模型的估计结果，农户非农业收入比重的一阶滞后值对农户人力资本投资占人均纯收入的比重具有显著的正效应。这与本书的预期是一致的，即乡城劳动力迁移所得的非农业收入能够促进农户家庭的人力资本投资。这其中的原因主要包括：迁移劳动力对农村家庭的汇款及其生产性效用的发挥，提高了农户家庭的生产能力和收入水平，使农户用于人力资本的支出随着收入的提高而相应增加；而农村人均土地占有率的提高，使规模效应更加显著，进一步提高了农产品的产量，增加了农民收入，从而使农村家庭对人力资本的支出能力更强。

（3）根据格兰杰因果关系检验，农户非农业收入占人均收入的比重是农村家庭人力资本投资比重的格兰杰原因，这进一步证实了本书的预期。而农户非农业收入比重与农村非农业部门就业比重，以及农村非农业部门就业比重与农户人力资本投资比重的格兰杰因果关系则较不显著。

（4）脉冲响应函数仍然显示了乡城劳动力迁移对农村人力资本投资的重要影响，且该影响在短期内有波动，在长期内则趋于平稳。方差分解的结果表明，从长期来看，非农业收入比重对农村居民家庭人力资本投资波动的贡献率并不高，但在逐渐提高，而非农业就业比重对农村家庭人力资本投资波动的贡献率则较低。这再次印证了乡城劳动力迁移的收入对农村人力资本投资有影响。

综上所述，农村家庭非农业收入比重对农村家庭人力资本投资比重在长期内具有较显著的影响，而非农业部门就业比重对农村家庭人力资本投资的影响则较不显著。这实际上说明了乡城劳动力迁移所获得的非农业收入增加了农村居民家庭的人均收入，这样，多元化的收入来源和更高的收入水平提高了家庭支出用于人力资本投资的比重，从而使家庭成员具备进入非农业部门就业的能力和素质。

第二节　我国乡城劳动力迁移与农村人力资本
提升弱相关性的解释

由实证分析的结果可以看出，在现阶段，我国的乡城劳动力迁移对农村人力资本的存量水平具有相关作用，但作用并不明显，在短期内还没有显著地表现出来。乡城劳动力迁移所得的非农业收入占家庭人均纯收入的比重对农户的人力资本投资具有一定的正相关作用，但非农业就业比重对农村家庭人力资本投资的影响则并不显著。综合来看，在转轨阶段，我国的乡城劳动力迁移对农村人力资本提升的强相关作用表现得并不明显，前者对后者具有一定的相关作用，但在一定程度上较弱。

我国乡城劳动力迁移与农村人力资本提升的这种弱相关性，是与现阶段我国农村劳动力迁移进程中存在的种种问题和障碍密切联系的。从我国乡城劳动力迁移的历史阶段、特征和现状来看，由于宏观经济政策、产业结构政策以及制度环境等因素的影响，在迁移过程中还存在很多问题和障碍。具体来说，主要表现在滞留劳动力的人力资本结构恶化、乡城迁移劳动力的就业非正规化、乡城迁移劳动力非市民化以及劳动力转移陷阱等问题，而这些障碍和不利因素的存在直接影响了我国乡城劳动力迁移对农村人力资本提升强相关作用的正常发挥。

一　滞留劳动力的人力资本结构恶化问题

目前，乡城迁移劳动力主要以受教育程度相对较高的青壮年男性劳动力为代表，与滞留劳动力相比，这部分劳动力在受教育程度、身体健康状况、职业技能等方面都具有相对优势，使我国的乡城劳动力迁移呈现鲜明的选择性特征，引起了研究者对滞留劳动力的"老龄化"和"女性留守"趋势的关注。

前面已经提到，随着教育事业的不断发展，对于不同年龄段的劳动力来说，年龄越高，其受教育程度往往越低。根据《中国劳动统计年鉴》的数据，2009 年，在我国 30 岁以下的劳动力中，仅有不到 0.9% 为文盲或半文盲，而在 50 岁以上的劳动力中，该比重则为 6.6% ~29%。在前一年龄组中，受教育程度为高中的劳动力所占比重为 14.1% ~19.2%，在后一年龄组中该比重则不到 12.5%。在前一年龄组中，受教育程度为大专及以上的劳动力所占比重为 1% ~ 8.8%，在后一年龄组中，该比重则为 0.3% ~3%。[①] 因此，随着劳动力受教育程度的提高，年轻劳动力所占的比重越来越高，而年长者所占比重则呈降低趋势。所以，未转移劳动力的"老龄化"，可能意味着这部分劳动力平均受教育程度的降低。

同时，在我国教育事业的发展过程中，教育机会分配的性别差异问题尚未彻底解决。男性的受教育程度仍然总体上高于女性的受教育程度。根据《中国统计年鉴》（2010 年）的数据，2009 年，在初中、高中及以上水平的教育中，男性所占的比重均比女性要高。在 15 岁及以上的劳动力中，10.45% 为女性文盲，是男性文盲所占比重的 2.78 倍。[②]

因此，在"老龄化"和"女性留守"的共同作用下，留守劳动力的平均受教育程度可能趋于降低，即出现留守劳动力的人力资本

[①]　国家统计局人口和就业统计司、劳动和社会保障部规划财务司：《中国劳动统计年鉴》（2010 年），中国统计出版社，2010，表 1 – 31。

[②]　国家统计局：《中国统计年鉴》（2010 年），中国统计出版社，2010，表 3 – 12 至表 3 – 13。

结构劣化趋势。

根据郭熙保、黄灿的研究以及 2009 年的就业信息，对劳动力的年龄、性别、受教育程度、专业技能等，大多数用人单位在雇用劳动力时都具有明确限制和要求。①

在劳动者的性别上，一半以上的用人单位明确规定了所需员工的性别。② 在劳动者的年龄上，86.2% 的用人单位明确规定了求职者的年龄范围，招聘的主要对象是 16 ~ 34 岁的劳动者，占总体需求的 63.9%。在劳动者的受教育程度上，近 90% 的用人单位对劳动者的受教育程度具有明确要求。其中，37.1% 的用人单位要求劳动者具有高中及以上文化程度，这其中以对具有职业技能、中专学历的劳动者的需求为最高，占此类需求的一半以上。在劳动者的技能水平上，49.5% 的用人单位明确规定了劳动者所应具有的技术水平，需求的主要对象是工程师和具有初、中级技能的技术员，占总体需求的 42.6%。③

因此，从劳动力市场的需求来看，大部分非农业部门都具有一定的准入门槛，在吸纳乡城迁移劳动力时，主要针对的是具有较高劳动生产率和较高受教育程度的农村年轻劳动力。随着具有较高人力资本水平的乡城迁移劳动力不断流入非农业部门，滞留在农村的

① 郭熙保、黄灿：《刘易斯模型、劳动力异质性与我国农村劳动力选择性转移》，《河南社会科学》2010 年第 2 期；中国劳动力市场信息网监测中心：《2009 年第三季度部分城市公共就业服务机构市场职业供求状况分析》，中国劳动力市场网，2009 - 11 - 09，http：//www. lm. gov. cn/gb/data/2009 - 11/09/content_ 332846. htm。

② 郭熙保、黄灿：《刘易斯模型、劳动力异质性与我国农村劳动力选择性转移》，《河南社会科学》2010 年第 2 期。

③ 郭熙保、黄灿：《刘易斯模型、劳动力异质性与我国农村劳动力选择性转移》，《河南社会科学》2010 年第 2 期。

农业劳动力呈现低素质化。

从农村劳动力的供给来看，根据郭熙保、黄灿 2007～2009 年的调研数据，乡城迁移劳动力和农业就业劳动力在性别结构、年龄结构、文化结构等方面有以下特点。①

在性别结构上，在所有男性农村劳动力中，63.5% 为乡城迁移劳动力，36.5% 为农业劳动力。与之相反，在所有女性农村劳动力中，乡城迁移劳动力占 36.4%，农业劳动力则占 63.6%。显然，男性劳动力是乡城迁移劳动力的主力军，而从事农业生产的则主要为女性。

在年龄结构上，在 17～24 岁的农村年轻劳动力中，90% 为乡城迁移劳动力，仅有 10% 的农业劳动力从事农业生产。在 25～40 岁的农村青壮年劳动力中，乡城迁移劳动力占 67.6%，农业劳动力占 32.4%。在 41～50 岁的农村劳动力中，留乡务农的占 63%，37% 从事非农产业。在 50 岁以上的农村劳动力中，绝大多数都留乡务农。因此，农村劳动力的年龄与相应年龄段的乡城迁移劳动力比例呈负相关关系，与相应年龄段的农业劳动力的比例呈正相关关系。

受教育程度上，小学以下的农村劳动力几乎全部留乡务农，受教育程度为小学的农村劳动力留乡务农的比重接近 75%，近 60% 受教育程度为初中、高中的劳动力在非农业部门就业。此外，绝大部分受教育程度为大专及以上的劳动力都转移到了非农业部门。

由此，无论在需求还是供给上，在第二、第三产业部门的就业门槛以及较高人力资本回报的引导下，我国乡城劳动力的迁移具有选择性趋势。这种选择性导致未迁移农业劳动力的人力资本水平趋

① 郭熙保、黄灿：《刘易斯模型、劳动力异质性与我国农村劳动力选择性转移》，《河南社会科学》2010 年第 2 期。

于劣化，而这并不利于我国农业的长远发展。

乡城劳动力迁移所带来的留守劳动力人力资本水平劣化的问题也反映了刘易斯－拉尼斯－费景汉模型的缺陷。事实上，由于刘易斯－拉尼斯－费景汉模型仅将视角放在农业部门劳动力迁出的数量上，将劳动力视为同质的，因此忽视了劳动者个体之间人力资本禀赋的差异，实际上，劳动者的生产率参差不齐，其性别、年龄、技术水平、受教育程度等也各不相同，而非农业部门会根据劳动者人力资本特征的差异对转移劳动力进行筛选，也就是说，劳动者想要在城市就业，其技术水平就要适应相应部门的需要。所以，足够的资本、土地、农产品并不能确保农业剩余劳动力有效迁出，劳动力同质的理论假设并不适用于我国的乡城劳动力迁移。

二　乡城迁移劳动力就业的非正规化问题

所谓就业的非正规化，是指由于乡城迁移劳动力未获得正式的从业资格或身份，就业状态很不稳定，常常被称为"临时工"。对于进城务工的乡城迁移劳动力（农民工）来说，其非正规就业主要有两类情形：一类即所谓的"临时工"，尽管在正式单位就业，所从事的岗位却是临时性质的，与正式入职的员工相比，在工资、待遇、社会保障等方面有显著不同；另一类情形是，其在非正式单位或非正规部门就业。这里的非正规部门，实际上是国际劳工组织提出的一个就业分类，指"发展中国家城市地区那些低收入、低报酬、无组织、无结构的很小生产规模的生产或服务单位"。①

相应地，非正规就业的概念中包括"在非正规部门就业和在正

---

① http：//www.dic123.com/A/4/43/438_ 128803. html.

规部门的短期临时性就业、非全日制就业、劳务派遣就业、分包生产或服务项目的工作等"。① 我国目前的非正规就业主要具有以下特点：较低的收入却伴随较长的工作时间，工作性质不稳定，并缺乏一定的社会保障。②

我国乡城迁移劳动力就业的非正规化趋势十分明显。对个别乡城劳动力迁移大省的调研表明，大多数农村进城务工人员就业于非正规部门，如建筑部门、餐饮服务部门、手工作坊等，在正规部门从业的非常少。③ 近些年来，尽管政府部门对进城务工人员出台了一系列社会保障和救助政策，然而到 2009 年初，在全国 2.25 亿农民工中，参加失业保险的仅占 6.67%，参加城镇企业职工基本养老保险的仅占 10.67%，参加城镇基本医疗保险的仅占 18.67%。④ 可见，我国乡城迁移劳动力就业的非正规化直接导致了迁移的不稳定，进城务工人员的社会福利缺乏保障，子女的教育问题得不到解决，劳工关系非正规化、缺乏法律约束。

实际上，我国乡城劳动力迁移中非正规就业的普遍存在，也未能在刘易斯 - 拉尼斯 - 费景汉模型中得到体现。他们认为，存在剩余劳动力的是农业部门，而非农业部门并没有失业问题。然而，非正规就业也是一种就业形式，这一假设并未考虑到这一点，而是简单地认为农业部门的劳动者进入城市后，就能迅速在非农业部门就

---

① 郭熙保、黄灿：《刘易斯模型、劳动力异质性与我国农村劳动力选择性转移》，《河南社会科学》2010 年第 2 期。

② 郭熙保、黄灿：《刘易斯模型、劳动力异质性与我国农村劳动力选择性转移》，《河南社会科学》2010 年第 2 期。

③ 郭熙保、黄灿：《刘易斯模型、劳动力异质性与我国农村劳动力选择性转移》，《河南社会科学》2010 年第 2 期。

④ 《中国将加快推进农民工社会保险工作》，中国新闻网，2009 - 04 - 22，http//www.chinanews.com.cn /gn/news/2009/04 - 22/1659140.shtml。

业。托达罗在这一问题上的观点则是，当非农业部门面临失业问题时，农业劳动力的迁出会先经历一个过渡期，这个过渡期就是以非正规就业形式存在的，而后才能实现正规就业。

然而在我国，与城市职工相比，进城务工劳动力的人力资本和社会资本都相对较低，因此，乡城迁移劳动力在相当长一段时间内都难以正规就业。由于乡城迁移劳动力的受教育程度和专业技能较低，人力资本的专有性弱，其劳动具有较强的可替代性，因此往往从事的是一些不需要较高专业技能的基础性工作。① 而且，我国拥有大量的乡城迁移劳动力，非农业部门的就业压力大，这样，非正规就业作为一种吸纳失业人员和乡城迁移劳动力的重要就业形式，其作用就更为明显。为了推动劳动力由非正规就业向正规就业过渡，从 2007 年起，国家颁布了一系列相关法律法规，如《劳动争议调解仲裁法》《劳动合同法》，等等。但是，推动乡城迁移劳动力的正规就业，不仅需要相关法律法规的制定、出台，还需要严格执行和实施，真正维护各阶层和主体的权益。

三　乡城迁移劳动力的身份问题

转移到城市就业的乡城迁移劳动力一般被称为"农民工"，意味着他们虽然是工人，但依然有着农民的身份，这也反映了乡城迁移劳动力身份的独特性。一方面，这部分乡城迁移劳动力就业于城市非农业部门，与农业的生产、经营并不相关；另一方面，他们的家庭、户口所在地、所承包的土地、财产等仍留在农村。来到城市的乡城迁移劳动力被赋予"农民工"身份，也是我国工业部门快速扩张而城市化

---

① 郭熙保、黄灿：《刘易斯模型、劳动力异质性与我国农村劳动力选择性转移》，《河南社会科学》2010 年第 2 期。

进程却又相对缓慢的一个结果。根据 2008 年的统计数据，我国当年具有 45.7% 的城市化率，但农民工占城镇常住人口的 23%，这样，我国的实际城市化率并没有 45.7%，而仅有约 35%。当年我国的人均国内生产总值已经超过了 3000 美元，一般发达国家在达到这个水平时，城市化率的平均水平为 55% 左右。[①] 可见，尽管人均 GDP 基本相同，但我国的城市化水平仍然相对较低。城市化进程的相对落后，使城市难以通过扩散效应带动周边地区和小城镇的协调发展，从而使进城务工的乡城迁移劳动力具有工人和农民的双重身份。

事实上，"农民工"这个群体，是我国城市化进程中一个独特的产物。在大部分成熟的市场经济国家，劳动力从农业部门迁出后，就能够以"市民"的身份在城市稳定地工作和生活，而不再回流到家乡，也就是说，能够实现就业部门以及社会身份的双重转变。但是，我国的劳动力流动并不是充分的、完全的，乡城劳动力的迁移可以分为两个阶段：第一阶段是由农民转变为"农民工"，也就是由农业部门向非农业部门转移，这一阶段目前已经基本实现；第二阶段是由"农民工"转变为市民，这一阶段的完成标志着乡城迁移过程的真正完成，显得较为艰难。其原因主要有以下两方面。首先，我国的户籍制度改革进程缓慢，一直以投资落户和技术落户为主，大部分乡城迁移劳动力因农业户口的限制而不具有城镇居民的身份，其在城市的定居受到人力资本壁垒和经济壁垒的制约。当前，很多城市提高了进城务工人员落户的人力资本要求，乡城迁移劳动力被要求具有高中及以上学历，一些城市甚至要求具备大专文凭。因此，

---

① 数据来自《2008 年国民经济和社会发展统计公报》，转引自郭熙保、黄灿：《刘易斯模型、劳动力异质性与我国农村劳动力选择性转移》，《河南社会科学》2010 年第 2 期。

对绝大多数受教育程度不高的乡城迁移劳动力而言，他们很难在城市落户。如前所述，进城务工人员的受教育程度和技能水平都比城市平均水平要低，他们绝大多数从事非正规工作，进而导致他们在城市落户的经济壁垒。他们不仅收入水平低，而且普遍没有城市职工应有的社会保险。他们不仅难以负担城市价格昂贵的住房，城市的廉租房和经济适用房也大部分将他们排除在外。户籍制度及其形成的人力资本壁垒和经济壁垒的多重作用，将乡城迁移劳动力排斥在城市市民之外。

其次，乡城迁移劳动力的特殊身份也与我国长期的农村支持城市的导向有关。目前，我国城乡分割的制度局面仍然存在，这一制度背景使地方政府更关注保障本市居民的权利和待遇，由于农民工被排斥在正式落户的市民之外，在居住、医疗、受教育等诸多方面都很难与具有城镇户口的居民享有相同的权益和待遇。

四 劳动力转移陷阱

发达国家的发展历程告诉我们，总人口的不到20%为农村人口、总劳动力的不到15%为农业劳动力，这是一国工业化完成的一个标志。然而，我国一半以上的人口为农村人口，其中，40%以上的劳动力为农业劳动力，可见，我国的工业化历程还需要经历很长的时间。虽然大量的劳动力尚未转移出农业部门，然而，即便有大量的就业机会存在于非农业部门，这部分农业劳动力也难以完全转移。根据2006年对全国2749个村庄的一项统计调查，认为还有部分中青年劳动力能够离开本村外出就业的仅占25%，在75%的村民看来，本村已经没有多少可以外出打工的中青年劳动力了。[①]

---

① 李剑阁、韩俊：《新农村建设亟待解决的问题——对全国2749个村庄的调查、比较》，《比较》2006年第31期。

　　这是一种独特的现象，尚未在已有的理论模型中得到解释。刘易斯模型认为，只要发展工业所需的物质资本充足，剩余劳动力就可以从农业部门全部迁出。而刘易斯－拉尼斯－费景汉模型不仅强调物质资本的积累，还强调农业部门和非农业部门的平衡。也就是说，农业生产水平提高了，就能使工业化进程中日益扩大的农产品需求得到满足，从而保障剩余劳动力从农业部门持续地迁出，一直到工业化完成。

　　然而，这些理论模型所隐含的假定是，乡城迁移劳动力与滞留劳动力的人力资本水平大体相同，而这并不符合我国乡城劳动力迁移的实际情况。我们已经看到，农村滞留劳动力的年龄相对较高、受教育程度相对较低，且女性和儿童留守的现象较为普遍，因此呈现人力资本结构劣化的趋势。面对非农业部门较高的人力资本门槛，这部分农业劳动力难以在城市非农业部门就业，从而长期滞留在农业部门。也就是说，一方面，农业部门有着大量的劳动力，另一方面，随着乡城劳动力迁移的进行，这种迁移会逐渐停滞，这一趋势被称为"劳动力转移陷阱"，而这也使我国的乡城劳动力迁移比理论模型中的情形更加复杂。

　　除以上 4 个主要问题之外，我国的乡城劳动力迁移还存在迁移劳动力无序流动、迁移巩固率低、迁移的相对收益不高以及迁移带来的一系列社会负面效应等问题，这些问题的存在都对农业部门的人力资本积累产生了影响。

　　其中，关于乡城迁移劳动力的无序流动，其主要原因是信息不对称。劳动力外出前，对迁入地的经济、文化、风俗习惯以及社会环境等并不熟悉，进入城市后，来到陌生的环境，长时间内难以在合适的岗位就业，生活无保障。这种盲目而无序的迁移，不利于劳动者自身技能和素质的提高，不仅造成劳动力资源的浪费，还带来了巨大的交通压力,同时也引起了一系列社会问题。

关于乡城劳动力迁移巩固率低的问题,迁移巩固率的高低对迁移成本的影响较大。事实上,较高的迁移巩固率,往往可以使迁移者不用将太多的时间花费在交通、搜寻工作机会以及等待工作上,这样,迁移的效率提高了,迁移中的成本也大大减少。然而,由于我国农村劳动力的技能水平和受教育程度相对较低,每年,因受教育程度或技能水平不够而从非农业部门返乡的乡城迁移劳动力占总乡城迁移劳动力的比重较高,迁移的巩固率较低。

关于迁移的相对收益不高,由于进城务工人员大多从事一些非技能型的基础性工作,其收入处在一个相对较低的水平,其迁移前后的相对收益增加并不明显,这就对一些城市近年来出现的"民工荒"问题做出了一定解释。相对收益较低,直接降低了劳动力迁移的积极性,在一定程度上影响了乡城劳动力迁移的进程。

第三节 结论性的启示

以上分析的乡城劳动力迁移中存在的问题和障碍在很大程度上限制了我国乡城劳动力迁移对农村人力资本提升强相关作用的正常发挥。从乡城劳动力迁移背景下我国农村的人力资本现状可看出,目前,农业劳动力和乡城迁移劳动力群体的整体文化素质与技能水平虽有所提高,但提升幅度并不大,其与城市非农业部门劳动力的人力资本水平的整体差距仍在扩大。在微观上,现阶段农村家庭对人力资本投资的意愿和能力仍然不足;在宏观上,乡城劳动力迁移所导致的农业部门人力资本流失以及农村滞留劳动力的人力资本结构劣化更是不利于农村人力资本的积累。因此,在转轨阶段,我国的乡城劳动力迁移与农村人力资本积累的具体关系具有一定的特殊性，这种特殊性体现在前者对后者具有一定的相关作用，但在转轨阶段的我国，前者对后者的强相关作用表现得并不明显，或者说，在一定程度上较弱。

在转轨阶段，我国的乡城劳动力迁移存在很多问题和障碍，限制了乡城劳动力迁移对农村人力资本提升强相关作用的发挥，使前者对后者表现出一种特殊的弱相关性。这种弱相关性的形成，与我国乡城劳动力迁移的特殊历史发展路径有关，也与转轨阶段迁移进程中的障碍所带来的劳动力迁移的盲目性、无序性、低效性以及迁移不畅等有关。这种弱相关性之所以特殊，是因为它不同于第 3 章理论模型中乡城劳动力迁移与农村人力资本积累在一般意义上的强相关关系，区别于西方国家已有的实践经验，它根植于我国特殊的国情和经济体制改革的历史背景，因此具有我国独特的制度环境和制度因素的色彩，是我国推进城市化进程中亟待思考和研究的一个关键性问题。对于这一弱相关性背后的制度根源，我们将在下一章中进一步探讨。

第6章　我国乡城劳动力迁移与农村人力资本提升弱相关性的制度根源

第3章已经证实了乡城劳动力迁移与农村人力资本的一般强相关关系，及其存在的条件、范围和效用发挥的长期性。之后，着眼于我国乡城劳动力迁移的特殊路径和农村人力资本积累不足的现状，以及以历史数据为基础的实证研究，我们发现，我国乡城劳动力迁移对农村人力资本积累的促进机制并没有完全体现出来，前者与后者具有弱相关性。

理论研究与我国的实际情况存在巨大的反差，这背后的深层次原因是什么？本书认为，制度因素值得关注。在第3章我们已经构建了一个乡城劳动力迁移作用下的农村人力资本积累分析框架，认为乡城劳动力迁移与农村人力资本提升具有强相关关系。我们同时论证了在乡城劳动力迁移过程中，通过农业部门自身的人力资本投资提升农业劳动力的平均人力资本，从而扭转较高人力资本水平劳动力流失所带来的平均人力资本下降趋势，是农业部门持续发展的关键。然而，这一内在提升机制的发挥，是以有效的外部制度环境为基础的。事实告诉我们，在我国目前的乡城劳动力迁移过程中，存在着大量与制度有关以及源于制度的障碍，这些制度因素是理论研究中不可忽视的部分，会导致乡城劳动力迁移与农村人力资本提升呈现弱相关性，本章将对这一问题展开分析。

第一节 影响乡城劳动力迁移决策的微观机制理论分析

一 家庭决策与乡城劳动力迁移

根据新经济迁移理论的分析框架，劳动者以家庭为单位进行迁移决策。而家庭决定让其部分成员去往异地就业时，一般是出于以下几方面的考虑，如家庭经济困难，在社区中处于相对劣势，以及农村金融市场不健全等。一般说来，部分劳动力前往异地就业，是提高家庭收入水平、使家庭收入多元化的一种途径，因为迁移劳动力通过汇款等方式回馈的部分收入不仅可以提高家庭的生产能力，也可以帮助家庭克服经济上的困难以及摆脱农村金融市场不健全的约束，从而为家庭顺利地进行农业生产以及优化福利提供经济上的支持。所以，新经济迁移理论认为，家庭决策对劳动力迁移行为至关重要。在理论综述部分也已经提到，新经济迁移理论侧重于分析家庭因素对劳动力外出决策的影响，较适用于发展中国家的情况。

我国农村地区的家庭观念相对更强，特别是在传统文化的影响下，基于血缘关系的互助以及家庭成员共享劳动成果占据了较大的比重。在农村家庭中，长辈或户主往往威信较高，能够对家庭的农业生产和消费支出做出规划和安排，特别是在农村家庭联产承包经营责任制普遍推行之后，长辈或户主的威信和地位进一步得到巩固，在家庭的经济活动中起到更为主导性的作用，其中包含了对家庭成员外出就业的分配。

我国有大量的农村劳动力，农村地区的人均耕地面积较小，所以，在技术进步较为缓慢的情况下，单纯依靠农业生产经营，并不能使家庭的经济状况得到足够的改善。这样，在现有的制度环境下，我国农村家庭以"兼业"为主。我国目前正处于城市化进程中，城镇和农村的发展差距很大，由于金融市场在农村地区尚未完全形成，农村家庭的多元化生产活动在资金的局限下很难发展和成熟。在这一约束下，为了改善经济状况，户主通过与家庭成员商议，对其成员进行分工，从而决定分配部分成员去往异地就业。被派出的往往是较年轻的子女，而长辈则留乡继续进行农业生产、打理家庭事务。有的家庭子女年幼或没有子女，户主为了提高家庭收入，也会在农闲季节外出务工。在我国，大部分乡城迁移劳动力留有土地等财产在农村，以两栖迁移为主，迁移的主要目的是贴补家用，真正以家庭为单位的迁移大约仅占所有乡城劳动力迁移的 20%，是一个很小的比重。[1] 因此，迁移劳动力的生产、消费与收入仍然紧紧依附于家庭，这也是家庭决策对乡城迁移劳动力主体的决策具有重要影响的原因之一。

　　由此所产生的问题是，在我国乡城劳动力迁移决策中，具有重要影响的家庭变量主要有哪些？

　　户主或长辈的文化素质和受教育程度、家庭的经济状况和资源状况等都是重要的家庭变量，但能够对乡城劳动力迁移决策产生影响的主要是家庭收入水平和要素市场的流动性限制。从收入水平上看，根据 Lipton 1982 年的研究，为了摆脱贫困，低收入家庭往往更愿意让部分劳动力前往异地就业，而高收入家庭则可能不会做出这样的选择。[2] 然而，也有分析表明，由于分散风险的强烈动机也存在于一些高收入家庭，而这些家庭负担得起迁移所需的费用，因此其往往也具有较强的迁移倾向。但是，由于我国实际情况很复杂，该论证是否成立，仍然需要实证分析的检验。事实上，很多农村低收

---

① 盛来运：《农村劳动力外出的动因》，《中国统计》2007 年第 8 期。
② 盛来运：《农村劳动力外出的动因》，《中国统计》2007 年第 8 期。

入家庭仅有很少的劳动力，因此，虽然家庭的迁移意愿较强，却也难以实现迁移。而在一些偏远地区，即便一些低收入家庭具有较多的劳动力，但由于其生活环境闭塞，加上周边家庭普遍贫困，安于眼前的状况，其迁移的动机也不强烈。根据 Stark 等在 1982 年的研究，对于一个特定地区来讲，与周边家庭的比较而带来的"相对剥夺感"不仅存在于低收入家庭、中等收入家庭和高收入家庭，而且随家庭相对收入水平的提高而增强。①

二　社区发展与乡城劳动力迁移

乡城劳动力迁移的决策不仅依附于家庭决策，而且在很大程度上与家庭所处的社区环境有关。处在社区的大环境中，包括劳动力迁移等在内的家庭生产和社会活动必然会受到社区群体、社会网络等的影响。劳动者及其家庭在决定是否迁移时，会先对目的地及家庭目前所处的社区环境进行比照，会考虑前往异地就业是否能比留乡进行农业生产带来更多的收入。事实上，农村劳动力迁移的原因有很多，比如当地经济发展水平低，就业机会缺乏。而未迁移的原因也很多，比如社区环境较好，就业机会丰富，或者由于社区环境闭塞，人们思想保守，安于现状，不愿远离家乡。可以说，在微观机制上，迁移行为发生的主体是劳动者，迁移决策以家庭为单位做出，而做出迁移决策的先决因素则是社区发展水平。

那么，对家庭迁移决策具有重要作用的社区发展变量又有哪些？

从经济发展变量来看，农村的社区发展政策对社区生产环境、居住状况、就业机会的创造、基础设施的充足程度等都有很大的影响。此外，一些政策的实施提高或降低了劳动力外出的成本费用和

---

① 盛来运：《农村劳动力外出的动因》，《中国统计》2007 年第 8 期。

预期收益，从而带来了其迁移动因的改变。比如，促进农业技术创新政策的出台使农业技术有了明显进步，生产成本显著下降，农业生产经营的收入水平显著提高，这可以使有离乡计划的家庭或个体改变意愿，继续从事农业生产。同时，这一系列改变也提高了劳动力迁移的机会成本。因此，农村的社区发展政策不仅能够改善社区的生产经营条件，提高社区的经济发展水平，还能带来劳动力迁移意愿的改变，从而对农村劳动力的迁移规模进行调控。实际上，农村社区发展水平越高，社区发展的政策环境越好，则劳动力的迁移倾向越弱。[1]

从社会网络变量来看，劳动者迁移所逐步形成的社会关系网络对迁移决策的影响也较大。通常如果该社区有着异地迁移的传统，并因此形成了较广的社会关系网络，那么该社区的劳动力就会有较强的倾向进行后续迁移。先前来到异地就业的劳动力已经建立了较为密切的社会关系网络，这就为后来者的就业创造了更多的条件和便利。[2] 事实上，在我国的农村劳动力市场发育不完善、信息不完全的情况下，农村劳动者了解城市就业信息的主要途径就是本地已迁出者提供的就业信息。

第二节　影响乡城劳动力迁移有效进行的宏观制度因素分析

一　制度变迁与乡城劳动力迁移

在制度的约束下，社会主体和个人、劳动者家庭和劳动者本身

---

① 盛来运：《农村劳动力外出的动因》，《中国统计》2007年第8期。
② 盛来运：《农村劳动力外出的动因》，《中国统计》2007年第8期。

都必须按照一定的游戏规则和行动准则办事。劳动者的迁移作为一种独特的社会经济活动，必然受到规则、契约等的制约，在其相应的范围之内进行。因此，当制度的改变带来规则、准则等的改变时，个体进行社会活动的原因及其相应的后果也随之改变。如此看来，制度对社会经济活动有深远的影响。[①] 劳动力迁移决策就是迁移主体以家庭为单位，在社区的大环境中，以特定的制度为约束而进行的选择。在特定的制度背景下，会产生与之对应的迁移方式。

改革开放前，由于传统户籍制度和土地制度的限制，乡城劳动力迁移的数量很小，真正意义上的乡城劳动力迁移大体上是从 20 世纪 80 年代进行的土地制度改革后开始大规模进行的。而"包干到户""包产到户"则进一步改革了农业生产组织形式，使更多的农业劳动力能够实现转移。尽管如此，传统户籍制度对农业劳动力流动的约束问题却始终没有得到解决。因此，有学者认为，我国的乡城劳动力迁移实际上是一个"有流动无迁移"的过程，即迁移的过程并不完整，迁移劳动力并不能真正在城市安居乐业。

下面我们就对制约乡城劳动力有效迁移的宏观制度因素进行分析。事实上，那些阻碍要素流动和城乡统一的劳动力市场建立的制度因素，都会直接或间接地影响乡城劳动力迁移的有效进行。这些制度性障碍的存在造成劳动力市场和人力资本市场竞争机制的扭曲，导致市场失灵，使乡城迁移劳动力难以获得相对公平的人力资本投资回报。在现阶段，影响乡城劳动力迁移有效进行的宏观制度因素主要包括户籍制度、城乡劳动力市场的制度性分割以及一些歧视性的就业政策等。

---

① 盛来运：《农村劳动力外出的动因》，《中国统计》2007 年第 8 期。

二　户籍制度的影响

户籍制度是我国所特有的。我国学者已经对该制度及其所附带和延伸出的一系列进一步加剧城乡分割的制度因素进行了大量研究。根据胡鞍钢 2002 年以及蔡昉 2003 年的研究，户籍制度制约了我国乡城劳动力迁移的有效进行，也损害了乡城迁移劳动力的正常收益。有学者甚至认为，乡城劳动力迁移进程中存在的各种制度性壁垒，大部分根源于户籍制度。[①] 目前，我国的户籍制度改革仍在进行过程中，已经有不少地区的地级市和省会城市陆续推行了基本放开的户籍制度，农村劳动力可以根据居住地情况、收入和就业等条件，按照自己的意愿选择是否迁入这些地区。然而，目前的户籍制度改革并不是根本性的，仍停留在放开户籍的表面，尚未接触到社会福利制度改革这一更深的层面。事实上，与户籍制度紧密关联的医疗卫生制度、教育制度、居住制度、社会保障制度等社会利益分配制度才是更关键的问题。目前，户籍制度对乡城劳动力迁移的进程和迁移劳动力获取收益的障碍主要体现在以下几个方面。

首先，户籍制度对劳动力户口的限制使进城务工的乡城迁移劳动力及其家庭难以获得在城市永久居住的法律认可，因此不能真正地在城市安居乐业。大部分乡城劳动力的异地迁移是不稳定的，他们在从农业部门向非农业部门转移过程中的人力资本投资决策具有短期化的特征。

其次，户籍制度导致很多地区对异地迁入人口在社会保障、就业政策和公共产品供给等方面实施不公平待遇，特别是一些地区排

① 陈浩：《农村劳动力非农就业研究——从人力资本视角分析》，中国农业出版社，2008，第 207 页。

斥或严格限制异地转移的乡城迁移劳动力，而这些大多源于迁移劳动力户籍所属的地区不同及其所引发的身份歧视，这些歧视性制度导致人力资本市场竞争机制的扭曲，使迁移劳动力难以获得相对公平的人力资本投资收益。

再次，由于户籍制度的存在，我国人口被人为地划分为两类：城镇户口和农业户口。长久以来，城市始终是政府各类调控政策、产业政策的重点支持对象，虽然近年来随着改革的进行和新农村建设的推进，这种局面有所改善，然而户籍制度的存在使城市和农村仍然有着明显的区别，城市和农村难以公平地享有改革开放的成果。同时，政策的实施和执行也很容易回到原有的对城市偏向的状态。以城市就业政策为例，20 世纪 90 年代中期以来，原本有所放开的劳动力就业政策，又逐渐回到偏向城市的状态。

最后，户籍制度人为地为城市居民和农村居民刻上了不同身份的烙印，加剧了我国劳动力要素市场城乡二元分割的状态，使劳动者难以自由流动，是统一的人力资本市场形成的一大障碍。我国的户籍制度改革正在进行中，户籍制度壁垒能否被彻底打破，以及与之挂钩的社会福利改革能否同步有效进行，仍取决于改革的力度。

从 1958 年颁布《人口登记条例》算起，我国的户籍制度已有长达 57 年的历史，因此，其影响是深远的，人们在思想上已形成较强的制度惯性，在短时间内很难彻底消除。从一定程度上讲，目前，户籍制度以及与之挂钩的医疗卫生制度、教育制度、居住制度等社会福利制度是制约乡城劳动力迁移和统一的人力资本市场建立的主要因素。

三　劳动力市场制度性分割的影响

在现实中，完全竞争的、统一的劳动力市场并不存在。理论综述部分已经提到，皮奥里于 1970 年提出的双重劳动力市场理论认为，由于不完全信息等因素的影响，一国的劳动力市场呈现层次化特征，也就是主要市场和次要市场并存。主要市场里的就业岗位层次较高，工作性质稳定，对劳动者的专业技术水平要求严格，且劳动者能够获得较为可观的收入；而次要市场里的就业岗位多处于价值链的底端，就业具有不稳定性，员工只需具备一些基础性的知识和技能便可胜任，且工资水平具有竞争性，劳动者的收入相对较低。

根据双重劳动力市场理论，劳动者人力资本水平的差异是造成劳动力市场二元分割结构的重要内生因素。拥有较高专业技能水平的劳动者，其劳动生产率较高，因此，能够在主要市场工作，拥有较高的工资；而专业技能水平较低的劳动者往往只能从事一些基础性的工作，其劳动生产率相对较低，所以只能就业于次要市场。在一定时点上，由于劳动者之间人力资本水平的不同，个体间的边际替代性弱，因此劳动力市场处于静态分割状态。在规范的制度环境下，双重劳动力市场正是对技能水平不同的劳动力在就业市场上的竞争力和人力资本水平差异的一种反映，并不违反市场运行的效率和规范原则。

理论综述部分已经提到，双重劳动力市场理论也常被用于解释我国的就业市场分割状况，因为这一特征在我国目前的就业市场上的确较为突出。然而，我国的劳动力市场分割具有特殊性，其形成原因也是多方面的，其中，制度原因占很大比重，在转轨阶段，尤为突出的就是户籍制度和城乡二元分割的双重作用。

首先，改革开放以前，城乡之间就处于严格分割的状态，要素难以自由流动，农村人口很难在城市就业，农村劳动力的人力资本难以在更广阔的市场空间内发挥作用。改革开放后，随着体制转轨的进行，城乡劳动力市场的制度性分割有所削弱，阻碍乡城劳动迁移的有形壁垒已经有所降低，然而，与城乡劳动力市场分割紧密联系的户籍制度等无形障碍依然没有消失。例如，一些地方政府以加强对迁移劳动力的管理为由，向迁移劳动力收取各种费用，增加了乡城迁移劳动力的经济负担，也是对劳动者身份的一种不公平对待。又如，城镇居民在城市企业就业，大多依法享有医疗、养老、住房等方面的基本社会福利保障，但对于进城务工人员来说，则大多不享有这些权利，这是对劳动者权益的一种不公平待遇。此外，乡城迁移劳动力的子女教育也是问题，这些孩子往往得不到与城市里的孩子同等的教育机会。城市的高房价、高生活成本，更使乡城迁移劳动力望而却步。这些因素不仅进一步增加了乡城迁移劳动力在城市就业的负担，使其外出务工的人力资本收益下降，更削弱了其乡城迁移的意愿。

其次，正规就业部门和非正规就业部门对立所形成的就业部门分割，也是阻碍乡城劳动力正常、有效迁移的因素。城市正规就业部门一般由政府机构和公共部门、大型企业等组成，而城市非正规就业部门一般由中小企业、社区服务部门以及劳动力自主就业等组成。城市劳动力市场对两种部门的制度性分割，使乡城迁移劳动力的人力资本投资预期收益下降，从而形成了一种人力资本投资困境。即便乡城迁移劳动力可能拥有在城市正规部门工作所要求的专业能力和素质，但在种种制度性门槛面前，也只能就业于非正规部门，所得到的实际收益与其原先对人力资本投资的预期收益相差很大，对其人力资本投资决策产生了较大的负面影响，使其不再具备与原先相同的人力资本投资意愿。而随着人力资本投资水平的降低，劳动力的技能水平下降，导致其收入水平降低，从而陷入一种人力资本投资困境。

最后，城乡劳动力市场的制度性分割也不利于农村家庭子女的人力资本积累。如前所述，在农村居民家庭，长辈或户主一般是子女教育的投资决策主体。一旦长辈的人力资本投资意愿减弱，就会减少对子女的人力资本投资。目前，青少年辍学的现象在一些偏远地区仍然较为普遍，有些家庭是因为受经济成本的约束，而有些则是因为长辈或户主的人力资本投资积极性较低。

四　制度性歧视的影响

在劳动力市场中，劳动者的经济地位和劳动收益都存在差异，如果这些差异是由劳动者群体特征的不同而导致的，这实际上就成为一种歧视现象。[①]　一般来说，工资歧视和就业歧视是劳动力市场上两种常见的歧视形式。劳动主体在遭遇歧视时，其劳动收益与正常主体存在差异，而这一差异能够用来反映歧视程度。

在我国目前的城市劳动力市场上，对乡城迁移劳动力的歧视表现得较为突出。这其中的原因包括用人单位的歧视因素，但主要的原因仍然是户籍制度、城乡劳动力市场的制度性分割等制度因素。对乡城迁移劳动力的歧视主要包括以下3个方面。

1. 就业歧视

主要表现为进城务工的乡城迁移劳动力在就业过程中面临许多不公平待遇和制度性约束。例如，20世纪90年代中期，很多沿海城市的当地政府出台了一系列保护当地劳动力就业的政策，部分正规部门的工作岗位被严格禁止招聘异地劳动力，另一些正规部门则规定了雇用异地劳动力的最高比例。对异地劳动力开放的大多是一些条件艰苦、工作环境较差的基础性工作岗位，而这些岗

---

① 陈浩：《人力资本与农村劳动力非农就业问题研究》，南京农业大学博士学位论文，2007。

位往往是城镇居民所不愿从事的。这是一种较为严重的对乡城迁移劳动力的就业歧视，是对迁移设置的一种人为障碍。

2. 劳动力工资歧视

主要表现为在劳动力市场上，当部门相同、人力资本水平相近时，城乡劳动力的"同工不同酬"现象。农村劳动力相对于城镇职工的工资水平较低，存在明显的劳动力价格歧视。此外，工资制度的差异也是城乡劳动力工资歧视的重要方面。城市里的工作单位一般对正式雇员实行制度性工资，除了货币工资，城镇职工还能享有各种隐性的社会福利，因此，其实际报酬要大于名义报酬。而对于进城务工的劳动力来说，其工资却是完全市场化的，且缺乏社会福利保障。在一些地区，对迁移劳动力的用工制度不规范，有的企业对劳动力的要求苛刻，甚至还有企业拖欠、拒付农民工工资的不合理现象。这些都是城乡劳动力工资歧视的典型表现。

3. 城市社会对乡城迁移劳动力的排斥

由于户籍制度和城乡制度性分割的长期存在，城市和农村长期处于彼此相对封闭的状态，导致城市、农村居民不同的群体社会价值观、思想观念和行为方式，而在城市化进程持续推进、大量乡城迁移劳动力进入城市的情况下，这种思想、价值观和行为方式等方面的差异就带来了一系列潜在的负面效应。在现实中，这主要体现为城市社会和城市居民对进城务工迁移劳动力的排斥。例如，一些地区的当地政府通过制定一系列针对乡城迁移劳动力的苛刻管理制度，如居住证制度、审查制度等，来限制乡城迁移劳动力进入当地的劳动力市场。一些地区的地方保护主义较严重，当本地劳动力和外地迁移劳动力发生矛盾时，政府部门一味偏袒和维护本地居民。另外，城市居民对乡城迁移劳动力存在偏见，农民工的居住、生活、工作和社会交往等都在一定程度上受到城市社会的排斥和不公平对待。异地转移的乡城迁移劳动力离开家乡、来到城市后本来就对新的生存环境具有一定的陌生感，加上难以融入城市社会和城市文明，进一步增加了迁移劳动力在城市务工的寂寞感、隔阂感、自卑感和受歧视感，这不利于乡城迁移劳动力的心理健康，也不利于坚定其在城市长久就业的信心。相反，会导致其迁移行为的不稳定性和暂时性，其要么会频繁地更换工作或雇主，要么会在短期内返回家乡。这不利于我国农村居民向城市居民的转变和城市化进程的顺利推进。

总的来说，当前我国劳动力市场中的种种制度性障碍极大地影响了乡城劳动力迁移的顺利、有效进行，加重了乡城迁移劳动力的成本和负担，恶化了农村劳动力的人力资本积累和收益，也影响了乡城劳动力迁移对农村人力资本提升的强相关作用。

第三节　制约乡城劳动力迁移背景下农村人力资本积累的制度因素分析

人力资本投资是提升人力资本存量的基础。如前所述，从人力资本的形成途径看，人力资本投资主要包括教育投资、医疗卫生投资、培训及迁移投资等方面，因此，人力资本投资的成本主要是指教育成本、医疗卫生成本、迁移及培训成本等，而特定的教育制度、医疗卫生制度、培训及迁移制度等不同制度类型相应地影响上述领域的投资水平和成本。当存在不利的制度因素或限制条件时，就意味着人力资本投资主体需要额外支付一定的制度成本，这无疑会增加人力资本投资的总成本。

既然人力资本投资的增加是提升人力资本存量的基础，那么，农村人力资本投资的制度性障碍必然会对农村人力资本积累产生不利影响。关于现阶段影响乡城劳动力迁移背景下农村人力资本积累的制度因素，可以从农村教育制度、医疗卫生制度和职业培训制度这 3 个方面存在的问题来展开讨论。

一　农村教育体制问题

教育是获取知识的最直接途径，也是人力资本积累的一个基础要素。然而，现阶段农村教育体制中的种种缺陷，削弱了教育对人力资本积累的作用。

首先，目前农村教育投资体制的一个主要问题是政府总体投入不足和农村劳动力所承担的教育成本过高。

在公共经济学中，产品一般被分为私人物品、准公共品及纯公共品。教育不仅能使受教育者主体获得个体收益，还能通过知识的外溢带来一定的社会效益，因此被认为是一种具备准公共品特征的特殊产品。在各层次的教育中，基础教育对国民整体素质的提高具有较为明显的作用，因此被归为公共品的范畴。在公共经济学看来，在市场经济条件下，个人是私人物品的投资主体，而由于市场失灵的存在，私人不应承担纯公共品的投资成本，作为克服市场失灵的主体，政府应肩负起对纯公共品投资的全部责任，而对于准公共品，政府则应根据其公共属性的比重承担相应的投资责任。[1]

按照公共经济学的观点，农村教育应被归为准公共品的范畴，其中，农村义务教育则属于纯公共品的范畴。[2] 因此，政府理应肩负起教育投资主体的责任。但是，在现阶段的农村教育投资体制中，

---

① 陈浩：《人力资本与农村劳动力非农就业问题研究》，南京农业大学博士学位论文，2007。

② 陈浩：《人力资本与农村劳动力非农就业问题研究》，南京农业大学博士学位论文，2007。

教育的投入仍然十分缺乏。

一方面，相比于其他投资主体，政府是农村教育投资的主要来源。近年来，国家和地方政府虽然已经加大了对农村教育的投入力度，但该投入主要还是集中在普及义务教育的层面，对于初中以上层次的教育，教育投资仍显不足。农村教育投入占政府财政支出的比重仍然偏低，与发展农村教育事业的目标并不相符。同时，农村教育投资的整体规模与城市教育投资仍有差距，与其他国家相比仍然落后。

另一方面，教育投入和教育资源在配置上存在问题。从政府对城乡教育事业的总体投入来看，教育投入向非义务教育尤其是高等教育事业倾斜，对基础教育事业重视不够，城乡教育资源分配不均。这些问题使农村教育在巨大的资金缺口下运转，不仅使教育质量下降，还使农村家庭负担了更沉重的教育成本。虽然近年来，我国农村义务教育的普及率已经明显提高，然而在一些地区的农村，中小学乱收费、高收费致使农村贫困家庭教育负担过重的问题仍然存在，许多农村孩子因为上学难、上学贵而不能接受正规教育，农村居民教育投资的成本大大增加，降低了其进行教育投资的能力和意愿。

其次，农村教育体制的目标定位问题造成"知识人力资本"的闲置或流失。

在我国，农村往往模仿城市的教育模式，在"高考指挥棒式"的应试教育体制下，许多农村家庭把"走出农村"作为子女教育投资的终极目标。在很多农村的中小学，与升学目标相比，学生综合素质的培养变得"并不重要"。无论农村当地的实际情况如何，农村和城市一律采取相同的教材、教学模式和考核方法。这样，当大量升学无望的农村初中、高中毕业生返乡时，发现自己所学理论知识无法运用于家乡的实际情况，导致其所积累的"知识人力资本"结构性闲置。此外，虽然一些农村学生进入大学深造，并积累了一定的农村发展所需的专业知识和技能，但由于这部分学生毕业后很多都选择在城市就业，因此农村人力资本流失了。总之，农村教育体制的目标定位问题，使农村的教育投资往往不能获得与之相应的收益，从而在一定程度上削弱了农村居民的教育投资意愿。

最后，农村教育管理体制与现代化的教育理念和教育管理有较大差距，导致农村教育的总体水平和质量不高。

由于城乡教育资源分配不均，农村学校的师资力量短缺、基础设施落后，同时，与城市教育相比，农村教育存在一些先天弱势，缺乏足够的、有效的激励、约束和管理机制，因此，教学方法较为刻板，知识结构更新慢，教育质量比较低。这些因素导致农村劳动力所获取的"知识人力资本"总体质量的下降，难以适应非农业部门就业的知识和技能要求。

二　农村医疗卫生制度问题

在现阶段，影响我国农村"健康人力资本"积累的制度因素主要表现为农村公共卫生产品的供给不足。事实上，公共医疗保健具有准公共品的属性，对于该领域的投资，政府理应肩负起应有的投资主体责任。

20 世纪 80 年代以前，在传统的计划经济体制下，由于国家一系列专项政策的扶持，农村的传统合作医疗制度使广大农村特别是贫困地区农村居民的基本医疗水平得到保障。然而，改革开放后，政府作为医疗卫生事业投资主体的缺位越来越明显。究其原因，主要有以下 4 个方面。

首先，政府的公共卫生投入缺乏考核、监督机制的激励。

自分税制改革以来，公共卫生的支出权不断下放。然而，县、乡两级政府财政恶化，政府只能通过提高各类税收费用来补充公共卫生支出的费用。这样，本应由政府负担的部分却转移到农村居民身上，公共卫生投入的支出环节缺乏相应的考核和监督，这在很大程度上加重了农村居民的负担。很多农村医疗卫生机构人员冗杂，专业技术水平参差不齐，而真正能够胜任岗位的医护人员所占比重却很小，这也增加了财政及农村居民的负担。由此可见，考核、监督机制的欠缺直接导致政府公共卫生投入的效率低下。

其次，政府将公共医疗卫生投资更多地视为一种"福利性消费"，而未把它当作对人力资本的投资。公共卫生政策是一项社会政策，而社会政策中所蕴含的是制定政策的理念，这种理念由于其原本的主观色彩，因此未必不存在问题，事实上，"它需要人们经常性地反思，来验证这种理念是否存在于某种社会政策之中"。[1] 以公共卫生政策为例，在卫生资源的配置中，由于宏观信息的不完全和长远考虑的缺乏，人们常常被眼前的利益蒙蔽了双眼，当其中隐藏的问题暴露时，社会政策中对公平理念的忽视也随之浮出水面。典型的一例就是，当"非典"过去之后，各级政府对农村公共医疗卫生的重视和财政支援就逐渐烟消云散了。[2]

降低计划经济时代形成的社会公共福利，是医疗保健领域市场化改革的一个显著倾向，而财政总支出中公共医疗卫生支出比重的降低恰恰是对这一倾向的印证。[3] 政府公共卫生政策的这种"福利

① 孙燕铭：《当前卫生资源配置状况及政府责任的思考》，《华东经济管理》2006年第6期。

② 杨团：《中国社会政策基本问——以新型合作医疗政策为例》，《科学决策》2004年第12期。

③ 苏晓艳、范兆斌：《我国农村医疗卫生领域中的政府缺位分析》，《经济纵横》2005年第4期；储德银等：《农村医疗卫生存在的问题及财政对策构想》，《中国卫生事业管理》2008年第4期。

性消费"的倾向和理念需要反思。

再次，财政体制的不完善是我国医疗卫生领域政府投入不足的一个制度根源。1994 年实行的分税制财政体制改革，虽然强调事权与财权要相匹配，但中央和地方政府间事权划分的不合理以及支出责任界定的不清晰，使地方政府的事权与财权失衡，前者高于后者，而县、乡政府原本已经恶化的财政状况就显得更加困难。尽管农村医疗保健服务的需求很大，但县、乡政府对医疗保健事业投入的能力很有限。

最后，城乡分割的市场结构使农村医疗保健资源的缺乏更为严重。第 4 章已经提到，我国城乡医疗卫生资源的配置很不均衡，资源明显向城市集中。一方面，城市医疗机构的器材、设备先进，专业人员集中，医院之间竞争激烈，基本能够保障城镇职工的基本医疗保健需求。[①] 另一方面，在农村地区，乡镇卫生院有限的资金使其医疗设备落后、专业人才缺乏，难以满足广大农村居民的医疗保健需求。虽然近年来"新农合"已经逐步在农村地区推广，"看病难、看病贵"的问题有所缓解，但相对于城市的医疗卫生条件，农村的医疗卫生事业仍然需要政府明确其投资主体的责任，加大投入力度，以促进农村地区"健康人力资本"的积累。

三　农村职业培训制度问题

对于乡城迁移劳动力而言，只有掌握了某些专业技能，才能够在非农业部门找到工作。因此，职业技能培训对于农村劳动者获得

[①] 姚红：《试析财政在我国农村医疗卫生事业中的作用及其形式》，《经济师》2005 年第 4 期；储德银等：《农村医疗卫生存在的问题及财政对策构想》，《中国卫生事业管理》2008 年第 4 期。

"技能人力资本"和促进乡城劳动力迁移具有十分重要的意义。

当前，初次前往异地的农村劳动力，主要由农村各级职业培训机构对其进行专业技能培训，其中包括农村职业技术学校和成人教育机构。然而，与农村教育事业的制度缺陷相似，农村职业培训也存在一些制度缺陷，影响了农村职业培训对农村劳动力技能水平提升的作用。

首先，农村职业培训制度的目标定位不清晰。与农村的教育制度相似，很多农村职业技术学校的发展目标很模糊，没有区分职业教育与基础教育，在办职业教育时使用基础教育的运行模式，一些学校虽然以职业技术学校命名，其实教授的仍然是基础教育的课程，这实际上是对职业教育资源的一种浪费。

其次，农村职业培训体制是在未弄清市场需求和职业教育发展规律的情况下运行的，因此具有盲目性。职业教育是一种以培养具有实际操作能力的应用型人才为主的教育，所以在专业结构、课程设置以及培训模式上应以市场、部门需求和就业需求为目标，同时考虑学员的具体素质和要求。但是，目前的农村职业教育缺乏先进的办学理念，教学内容跟不上时代的步伐，其对劳动者专业技能的训练和培养并不能满足市场和就业需求，以致所培养出的劳动者不能顺利地进入非农业部门就业。

最后，农村职业培训的总体水平较低。我国一直以来都对基础教育高度重视，而就职业培训而言，无论是在培训资源的分配上，培训对象的来源上，培训经费的投入上，还是职业技术培训的发展环境上，都与基础教育相去甚远。农村地区职业技术培训的这种尴尬局面也很明显，这也造成了农村职业技术培训的发展范围有限，缺乏活力和时代感，不能满足农村劳动者对专业技能培训的需求，从而制约了其专业技能水平和人力资本的提升。

第7章　构建我国乡城劳动力迁移与农村人力资本提升强相关关系的制度对策

通过第3章中乡城劳动力迁移与农村人力资本积累一般关系的分析，我们已经指出，在迁移概率满足一定范围时，乡城劳动力迁移与农村人力资本提升具有强相关关系。在一定的迁移规模下，农业部门自身能够形成人力资本提升机制。然而，我国乡城劳动力迁移进程中存在的种种问题和障碍限制了其对农村人力资本提升强相关作用的发挥，也使我国的乡城劳动力迁移与农村人力资本积累呈现弱相关性。在第6章中，我们已经对隐藏在这种弱相关性背后的制度根源进行了分析，指出我国的乡城劳动力迁移与农村人力资本提升的强相关关系之所以尚未完全表现出来，农村劳动力的整体文化素质和技能水平之所以尚未出现真正"质的飞跃"，而现阶段农户家庭对人力资本投资的意愿和能力之所以尚显不足，主要是因为当前我国乡城劳动力迁移过程中存在大量制度性障碍，其对农村人力资本提升机制的发挥产生了重要影响。因此，针对这些源于制度性因素的障碍，本章尝试在前文分析的基础上，构建一个在乡城劳动力迁移背景下农村人力资本提升的框架体系，并进一步探讨促进我国乡城劳动力迁移与农村人力资本提升由弱相关向强相关转化的制度对策。

第一节　构建我国乡城劳动力迁移与农村人力资本提升强相关关系的必要性

我国的农业转型是经济转型中的重要部分，然而，这一段道路仍是困难重重的。首先，我国农业资源显著匮乏，人多地少，人均耕地面积不足，从而从自然条件上制约了我国农业的发展；其次，我国城乡二元结构仍然较为明显，城市化标准明显低于许多发达国家，大量劳动力分布在农村，许多农村剩余劳动力需要得到顺畅、有效的转移，否则农村劳动力的人力资本禀赋较难提高，进而会影响农业的现代化和农村的发展；再次，农村家庭劳动力的平均受教育程度还很低，与城镇劳动力的受教育程度差距较大，劳动力素质的低下不利于资源的合理利用和科技的创新发展，以及农业机械化设备的应用和推广；最后，由于非农业部门对劳动力自身的素质有较高的要求，文化水平、人力资本水平较高的农业劳动力能够先行转移，这也导致农业部门人力资本的流失，阻碍了农业转型的进程。因此，我国要想实现农业的长远发展和农村的繁荣，还需要克服很多困难，解决很多深层次问题。

目前，我国的乡城劳动力迁移仍然存在就业岗位的层次低、就业非正规化、留守劳动力的人力资本结构恶化、劳动力转移存在陷阱等问题，而我国各地区农村的发展水平很不均衡，城乡收入差距依然明显。同时，宏观政策和产业、区域发展政策的波动性较大。所有这些都制约了在乡城劳动力迁移背景下农村人力资本的积累和提升，以及农业和农村的长远发展，也是我国城市化进程中的不利因素。

长期以来，宏观决策部门仍然将乡城劳动力由农业部门向非农业部门的迁移视为单纯的经济现象和经济问题，缺乏长远眼光，仍然习惯于根据短期特征和问题制定决策。而微观劳动力主体缺乏宏观政策部门的指导和帮助，其迁移决策和迁移行为往往具有盲目性和短期性，不利于农村人力资本的投资和积累，不利于产业结构的优化，不利于农村地区及农业部门的长远发展，更不利于转轨阶段改革的深化。

因此，要克服政策波动性和微观主体短期性行为所带来的负面影响，解决当前乡城劳动力迁移有效性不足和农村人力资本提升缓慢等问题，需要构建一个稳定的长效发展框架，以建立我国乡城劳动力迁移与农村人力资本提升的强相关关系，其目标是通过引导农村劳动力合理有效地迁移，推动农业部门的人力资本投资，使乡城劳动力迁移与农村人力资本提升的强相关关系有效地发挥作用，从而实现农村人力资本水平"质"的提升。这对于实现"农民变市民"，农业和农村的可持续发展，城市化进程的合理有效推进，乃至转轨阶段改革的深化具有重要而长远的意义。

第二节　推动乡城劳动力迁移背景下农村人力资本提升的框架体系

第 3 章已经提到，在一定的范围内，乡城劳动力迁移能够促进农业部门人力资本的积累，而这正是农业部门自身人力资本提升的过程。随着农业部门具有较高人力资本水平的劳动力转移到非农业部门，农业部门的持续发展，需要高水平农业技术的生成机制与农业部门自身更高的人力资本投资相配合。其中，后者是前者的先决条件，即较高的农业技术水平需要与具有较高知识文化素养的人力资本真正结合起来，这样才能发挥巨大效用。在部门经济开放的环境下，人力资本能够自由流动，劳动力市场完全竞争，农业部门的生产向市场化转变，此时，农业部门人力资本的积累就是一个动态的过程，内生于农业部门劳动力向非农业部门转移的过程之中。

如图 7-1 所示，在乡城劳动力迁移的作用下，农业部门自身人力资本的提升主要有以下几条途径。第一，农业部门中人力资本水平较高的劳动力向非农业部门迁移，能够在一定程度上刺激农村居民家庭对人力资本的投资。这主要是因为非农业部门一般对从业者的受教育程度有着更高的要求。第二，具有较高人力资本水平的农业劳动力向非农业部门迁移，所获得的非农业收入增加了农村居民家庭的人均收入，而收入的增加又使其家庭用于人力资本投资的比重随之提高。一些乡城迁移劳动力在外面积累了一些资本以后，回乡投资兴办企业，进一步带动了当地非农业部门的就业和人力资本水平的提升。第三，乡城劳动力迁移能够直接推动农业部门的人力资本提升。大量农业劳动力转移到非农业部门，提高了农业部门的

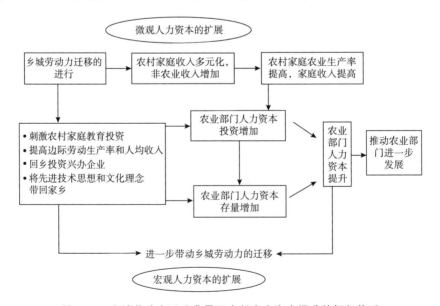

图 7-1　乡城劳动力迁移背景下农村人力资本提升的框架体系

边际劳动生产率，从而增加了农业部门的人均收入。而农业技术进步生成机制的提升，对农业劳动者的人力资本水平又提出了更高的要求，进而提升了人力资本。第四，乡城迁移劳动力在城市非农业部门就业，受到城市先进思想文化的熏陶，并有机会将这些先进的思想文化理念带回家乡，为当地教育的发展、专业技能培训活动的开展、农村整体精神文明素质的提高以及经济的发展等人力资本积累的重要方面注入新的动力，从而使农村地区获得一种无形的人力资本提升。

图 7-1 显示了乡城劳动力由农业部门向非农业部门迁移对农村人力资本提升作用的框架体系。从微观人力资本扩展的角度来看，农村家庭劳动力的个体迁移能够带来农村家庭人力资本投资的增加，从而实现微观层面人力资本的提升。从宏观人力资本扩展的角度来看，乡城劳动力迁移与农村人力资本积累的强相关关系推动了农业部门的人力资本提升。在整个过程中，农业劳动力向非农业部门的迁移进一步被带动，农村人力资本水平得到提升，农业的劳动生产率不断提高，专业化程度也不断提高，衍生出很多与农业相关的生产部门。农业部门自身的不断发展壮大，又为农业劳动者提供了更广阔的就业空间，一部分劳动者转移到与农业相关的生产部门，另一部分劳动者继续转移到非农业部门，这样，城市化的进程进一步推进。

在这个框架体系中，农业部门自身的人力资本投资、形成和积累具有至关重要的作用。因此，政府政策选择的侧重点应是通过深入的体制改革，解决乡城劳动力迁移进程中的种种问题，引导农村劳动力合理有效地迁移，推动农业部门的人力资本投资，使乡城劳动力迁移与农村人力资本提升的强相关关系有效地发挥作用。这样，在乡城劳动力迁移与农村人力资本积累之间形成一种互相推动的良性循环模式,而这也是提升农村人力资本、繁荣农村、促进农业现代化的必由之路。

第三节　促进我国乡城劳动力迁移与农村人力资本提升由弱相关向强相关转化的制度对策

实现我国乡城劳动力迁移与农村人力资本提升由弱相关向强相关的战略转变,既是理论上农业部门持续发展的必要条件,也是建立城乡统一的就业市场的实际要求。然而,正如前文所述,弱相关性根植于我国特殊的国情和体制改革背景,因此,这一战略转变的实现需要以一定的制度环境为基础。从乡城劳动力迁移背景下农村人力资本提升的框架体系来看,转变经济发展方式、构建有利于农村人力资本内生和健康成长的制度、建立人力资本投资回报体系、形成统一的就业市场以及改革迁移劳动力的社会保障制度等都是重要的影响因素。因此,只有通过源源不断的制度创新,对这些领域进行深入而彻底的改革,逐渐消除制度性壁垒的影响,才能为促进乡城劳动力迁移与农村人力资本提升由弱相关向强相关转化提供良好的制度保障。

一　由粗放型的发展方式向人力资本驱动型的发展方式转变

一般来说,劳动力就业与社会的经济发展方式密切相关。将着眼点放在产量和速度上的粗放型经济增长,不可避免地更依赖盲目的要素投入,而非投入效率和质量的提升。相对于一般劳动,生产要素中的人力资本能够带来更高的效率,也能够更好地改善经济发展的质量。然而,它常常以长期、高成本且具有一定风险的人力资本投资为基础，因此并不适用于追求产量和速度的粗放型增长，在实际生产中往往被一般劳动要素所取代，尤其是当竞争对人力资本十分不利时，通过有利资源，一般劳动往往可以形成较高的隐性或非隐性障碍，导致人力资本的投资收益率降低，乃至出现投资"失灵"，从而陷入更加不利的境地。[①] 所以，粗放型经济发展模式往往使以一般劳动要素为基础的就业比人力资本型就业的增长更迅速，使具有较高人力资本水平的劳动者不能充分就业。而人力资本驱动型的发展方式更重视人的经济和社会价值，随着生产效率的提高、生产分工的细化和专业化以及社会化程度的提高，人力资本对经济增长的贡献度越来越高，劳动者需要在更高的层次上就业，这就对劳动者所应具备的专业技能和综合素质等提出了更高的要求，这样，对于人力资本型就业的劳动者来说，其可选择的就业机会就会更多，在劳动力市场上具有的竞争优势会更大，与此相应，收入水平也更高。这实际上促进了劳动者继续提升人力资本水平，从而在劳动力市场和产品市场之间、人力资本提升与生产力提高之间形成一种良性的循环。

　　总体上，目前我国的乡城迁移劳动力在非农业部门的就业仍然是以体力劳动和简单劳动为主，从事脑力劳动和较高层次工作的偏少。实际上，不仅乡城迁移劳动力中存在这种状况，我国的宏观就业结构中也存在这一问题。这固然与我国经济发展所处的阶段有关，但粗放型的经济发展模式是其更直接的原因。由此可见，由单纯依赖投入规模和速度的扩张方式向重视知识、创新和技能的生产方式与就业模式转变，由旧的粗放型模式向重视人力资本要素的集约型

[①]　参见李实《中国经济转轨中劳动力流动模型》，《经济研究》1997 年第 1 期。文中运用内部劳动力市场理论对我国国有部门的劳动要素投入进行了分析。

模式转变，是实现我国乡城劳动力迁移与农村人力资本提升由弱相关向强相关转化的必要前提条件。当然，经济发展方式的转变需要政府转变产业和社会发展的理念，需要市场经济主体对以往盲目追求投入规模、产值、利润的经营模式和管理方法进行反思，同时也需要相关就业制度的有效配合，而这些既是促进乡城迁移劳动力人力资本型就业的基础，也是构建乡城劳动力迁移与农村人力资本提升强相关关系的基础。

二 构建促进农村人力资本内生和健康发展的制度体系

随着乡城劳动力迁移的进行，农业的发展和农村人力资本的进一步提升主要取决于农业部门自身对人力资本的培育以及人力资本成长和积累体系的构建。正如第6章所述，由于我国农村的医疗保健制度、教育体制以及职业培训制度等现存的种种问题和障碍限制了农村人力资本积累和投资能力的培育，因此，需要对这些领域进行深入的改革，消除制度性障碍，营造有利于农村人力资本内生和健康成长的制度环境。

1. 进一步提升公共投入水平，优化公共投入结构，明确政府在农村人力资本培育中的作用

准公共品这一属性存在于农村人力资本投资的很多领域，如对教育、医疗、职业技术培训等领域的人力资本投资，不仅能够提高微观主体的回报，还可以通过投资的溢出效应，带来更大的社会效益。对于具有纯公共品和准公共品属性的投资，政府应当承担投资主体的责任。当前农村人力资本水平较低且提升缓慢，其中一个重要原因是政府对人力资本的投资不足，投资主体缺位。因此，有必

要从法治的角度，明确政府作为投资主体在农村人力资本投资和形成中的公共责任和义务。与新农村建设相适应，政府应加强自身的改革，转变自身职能，明确其在不同领域的角色和定位，哪些领域必须干预，哪些领域应干预有度，而哪些领域可以适当引导、鼓励竞争，从而提高市场效率。根据各投资领域的属性，对公共投入的范围、数量进行细致而准确的界定，及时把握资金的流向，加大对纯公共品和准公共品领域的投入，优化投资结构，尤其要重视对农村公共服务领域的投资和提高投资效率。

对于纯公共品领域的人力资本投资，如农村公共卫生和基础教育领域，其投资的社会回报明显大于微观主体的个人回报。为确保政府在这些领域的投入，各级财政预算需要对其设置相应的条目。一方面，在农村公共卫生服务领域，应加大政府的投入力度并优化投资结构。首先，要继续完善和稳步推进新型农村合作医疗制度，逐步实现"新农合"全面覆盖整个农村地区，加强乡镇卫生院建设，加大对农村合作医疗点的投入，真正完善农村公共卫生的基础设施建设。其次，要建立农村社区卫生服务机构，有效地进行健康教育、疾病防控等，对治疗加大投入，有效防治公共疾病。再次，要帮助农村家庭改善生活居住环境，消除隐患，防止疾病发生，比如"改水""改厕"工程的推广等。最后，在农村基础教育领域，要以《义务教育法》为基础，让完全免费的义务教育逐步覆盖整个农村地区。按照 2006 年颁布的新《义务教育法》，我国政府在中西部偏远地区已经实施了对农村中小学寄宿生的"两免一补"政策。① 这一政策对当地农村教育的发展以及农村青少年文化素质等人力资本的培育和积累有着重要意义。

---

① "两免一补"政策，即免除学杂费、住宿费，同时补贴生活费。

对于准公共品领域的人力资本投资，如农村职业技术教育、专业技能培训等领域，其投资的社会效益往往小于微观主体的个人收益。因此，在这些领域，不仅需要政府履行公共责任，还需要社会和微观个体积极参与。要确保政府的公共投入真正到位。此外，通过激励机制和措施，政府应积极引导社会组织对这些领域进行人力资本投资，增强农村居民努力提高自身技能、素质的意识，增加家庭的人力资本投资。对于一些地区的贫困农民，由于其不具备一定的投资能力，政府部门应做好扶持和救济工作。对于异地就业的乡城迁移劳动力的子女，当地政府应真正承担责任，保障他们平等地享有与城市青少年一同接受义务教育的权利。

2. 通过农村教育、医疗卫生和职业培训领域深入、系统的改革，提高农业部门人力资本的培育能力和质量

如第 6 章所述，在制度性壁垒的影响下，目前，我国农村的医疗、教育、职业培训等领域仍存在定位不明、效率低下、管理机制不健全等问题，使这些领域的人力资本培育能力和培育质量不高，因此，有必要强化对这些领域的管理体制及运行效率的改革与监督，从根本上提高人力资本培育的质量和水平。

首先，推进农村的教育制度改革，明确农村教育事业的发展目标，提高农民知识技能型人力资本的积累能力。

在发展模式上，农村的教育事业不应完全效仿城市的教育发展模式，应着眼于农村发展的需要，符合农村的实际情况。在农村义务教育方面，应对学生基础知识、道德修养及综合能力的培养予以重视，而不仅以升学率为目标。在确保农村义务教育实施和发展的同时，应丰富教育事业的内容，加强农村的中专、职业学校、分流教育等多种教育类型的发展。农村的职业技术教育，更是要立足实

际，与农村社会经济发展的需求相适应，培养符合农村产业发展需要的应用型人才。农村初中、高中教育与职业技术教育应合理地衔接起来，对于具有初中、高中受教育程度的青年，由于其已经拥有了一定的理论知识储备，因此，应帮助他们培养专业技能，根据其特长和喜好，引导其接受相应的职业技术教育，从而提高其专业技能和素养，使其更好地就业。

此外，在内容设置上，农村教育不仅要重视理论的掌握，更要着眼于农村产业和市场发展的需求，在教学中多加入一些启发性、应用性的因素，提高学生举一反三和实际操作的能力。政府应加大投入力度，帮助农村地区改善教育条件，创造优惠的政策环境，引导和鼓励人才来到农村，从事教育事业。政府应对农村教育的水平和质量进行监管，制定各类教育的评价体系，为社会输送越来越多的优秀人才。

其次，深化农村医疗卫生事业改革，提高卫生保健服务的质量和水平，提升农村居民的身体素质和健康水平。

我国多年的医疗卫生改革实践已经证明，市场化的发展方向与医疗保健事业的可及性及公共品性质并不相符。2009 年公布的《国务院关于深化医药卫生体制改革的意见》已经明确了"医疗卫生事业的公益性质"，"应把基本医疗卫生制度作为公共产品向全民提供"，以及要努力做到"人人享有基本医疗卫生服务"。因此，农村医疗卫生体制改革的主要目标就是以公平和效率为原则，切实保障和提升农村居民的健康状况和身体素质。

第一，在公共卫生保健领域，政府肩负着农村该领域发展主体的责任。政府应明确其公共职责，通过加大政府财政的投入力度，加强和巩固农村疾病防治体系和基本的卫生保健服务，使广大农村居民的基本卫生安全得到保障。

第二，在农村个人保健领域，应进一步推广"新农合"制度，逐步使其覆盖整个农村地区。新型农村合作医疗制度相比于传统的合作医疗制度来说，在统筹方法、结算方式、抵御风险等方面都具有更多优势，应逐步成为农村居民社会化卫生保健服务的主体制度。同时，以建设城乡统一的社会保障体系为出发点，可以在一些经济发展水平较高的地区积极试点，尝试建立农村社会医疗保险制度，让农村居民能够更好地保障自身健康。除此之外，针对"看病贵"的问题，应以大病统筹为主，发展医疗互助、互济制度，帮助降低患者及其家庭的经济负担。

第三，为了在农村居民中形成正确的健康意识和科学合理的生活方式，要对农村居民加强保健知识的宣传和普及，增强其预防疾病的能力。对于一些恶性疾病，早期预防环节十分重要。正所谓"防患于未然"，事实上，积极的健康意识、科学的生活方式以及良好的自我预防能力，都能够有效避免很多恶性疾病的形成。因此，在农村居民中宣传和普及健康卫生知识，逐步提高他们自身预防疾病的能力，就显得尤为重要。目前，卫生部门在一些农村地区定期举办的"送医疗、卫生下乡"活动就是一种值得推广的做法。同时，城市的大医院和大型医疗机构应与乡村医疗卫生机构建立定期的联系制度，通过培训交流和技术、人才支援等方式，协助农村医疗服务机构提高诊治水平，提升农村医疗工作人员的业务素养，从而更好地为农村居民的医疗保健需求服务。

第四，加强农村的职业技术培训，使乡城迁移劳动力能够更容易地在非农业部门从业。

如第 6 章所述，我国农村职业技术培训的总体发展水平还较低，由于一些制度性因素的影响，职业培训在目标定位、培训内容、培训对象及培训质量上都存在问题，以致农村职业技术培训不具备有效的供给水平。同时，大部分农村劳动力又渴望通过职业培训提升就业技能，这样，供给和需求之间形成了较大的缺口，这也是农村劳动者走出乡村所面临的最直接的障碍。事实上，对农村劳动力进行职业技能培训，使其掌握在非农业部门就业所需的专业技能，能够最直接而有效地促进乡城劳动力迁移和就业，不仅能有效提高劳动者异地就业的成功概率，还能增加其非农就业的收益，因此，对农村劳动力进行积极而有针对性的职业培训，在当前非常紧要。

第一，农村职业培训的体系需要进一步健全，并为农村劳动力职业培训途径的多元化创造条件。一方面，农村职业技能培训的主要力量是成人教育和农村职业教育，政府应对其加大教育资源的投入，积极推进其发展；另一方面，社会其他培训组织作为农村职业技能培训的重要支持力量，应深入农村，对农村劳动力开展定点的专业培训。同时，城市职业教育机构也应更多地向农村的青年敞开大门。政府部门应引导拟接收农村劳动力的企业亲自在农村设点，对拟外出务工的农民开展有效的岗前技能培训。一些专业培训机构在政府的严格监管下，也可以对农民工提供一些有偿的培训服务。此外，在一些较贫困的农村地区，由于培训资源相对匮乏，农民进行培训投资的能力也相对较弱，政府可以组织者和投资者的身份，对当地的农村居民进行规模化的集中强化培训，从而提高当地劳动力的专业素质和从业能力。总之，应动员政府和社会各界的力量，为贫困地区劳动者整体技能、素质以及从业能力的提升做出努力。

第二，强调职业技能培训质量和效率的提高。职业技能培训的目的是使农民能够更好地适应市场的需求和就业岗位的需要，减少其就业过程中可能遇到的困难，因此，评价职业技能培训是否取得了应有的成效，也是促进非农就业中十分重要的环节。可以定期对职业技能培训机构的培训绩效进行考核，促使其按照劳动力市场的需求设定培训的专业和课程，稳扎稳打，注重培训的效果和质量，使劳动者可以有效地将所学技能运用于具体的就业岗位。政府应减少直接干预，逐步引入市场竞争机制。职业培训机构之间可以适当地展开有效竞争，通过优胜劣汰，提高农村职业技术培训的效率。同时，农村劳动力作为职业培训市场的选择主体，应尊重和保护其自由选择的权利。对于竞争性的农村劳动力培训市场，政府相关部门应做好"守夜人"的角色，保障这一市场的正常运行。政府应制定相关的法律法规并严格执行，对损害劳动者利益的不良行为予以处罚。政府需要对农村培训市场进行间接调控，通过产业政策、相关信息公布等途径，对市场运行的方向和劳动者就业予以引导。对于没有能力对职业培训进行投资的贫困农民，政府应对他们的职业培训给予指导和帮扶，如由政府埋单，对困难的乡城迁移劳动力实施免费培训计划等。

最后，加强对农村人力资本产出部门的成本和价格管制。

影响经济主体人力资本投资决策的一个重要因素就是成本，而过高的投资成本可以成为人力资本投资决策的"刚性制约"。[1] 目前，农村人力资本产出部门的价格过高，是农村家庭人力资本投资意愿和投资能力低的一个直接原因。

如前所述，教育、卫生保健等领域是具有纯公共品或准公共品属性的领域，对这些领域的人力资本投资，不仅能使微观主体获得个人收益，也能带来一定的社会效益，市场化、商业化的运行模式

---

[1] 陈浩：《农村劳动力非农就业研究——从人力资本视角分析》，中国农业出版社，2008，第224页。

与这些领域的公共属性、可及性及宏观目标并不相符。近年来，由于对人力资本产出部门的公共属性界定不清，同时缺乏有效的监管，很多地区的教育、卫生保健等部门的产品和服务价格不断上扬，高昂的学费、医药费给很多农村家庭带来了沉重的负担，也成为这些家庭进行人力资本投资难以逾越的障碍。因此，政府不仅需要明确其公共投资主体的角色和职责，更需要积极履行其公共管理的责任和义务，对教育、卫生保健等领域进行有效的规制和监督，防止过度的市场化趋势以及垄断经营对社会福利造成损害。

当前，对于农村交通、通信等一些与农村家庭人力资本投资联系紧密的行业，政府部门应通过法律法规的制定和完善，对这些行业加强监管，并加强价格管制与成本核算，对违规收费的行为予以严格处罚，保障农村家庭的人力资本投资能够在一个相对合理、公平、稳定的价格体系中进行。

三　构建保障乡城迁移劳动力人力资本投资回报的制度体系

对于乡城迁移劳动力来说，其人力资本投资的回报主要是由劳动者在城市非农业部门就业的收入决定的，也就是说，劳动者在城市非农业部门取得与其人力资本水平相一致或基本一致的收益率，不仅是提升经济主体人力资本投资能力和意愿的重要方面，更是构建乡城劳动力迁移与农村人力资本提升强相关关系的重要部分。理论上讲，假设劳动力市场是统一的，那么劳动者通过合理流动以及市场竞争，能够对自身劳动要素进行配置，并使其人力资本收益最大化。然而，由于目前城乡劳动力市场的分割，以及一系列制度性障碍和不平等因素的存在，不仅农村劳动力的迁移受到制约，而且劳动者的人力资本投资收益也明显降低。因此，必须对城乡劳动力市场进行深入彻底的改革，消除各种制度性约束和不公正、不平等因素，通过源源不断的制度改革和创新，为保障乡城迁移劳动力的人力资本投资收益以及提升农村人力资本提供良好的平台。

1. 对户籍制度进行深入彻底的改革，真正消除分割城乡劳动力市场的传统制度性障碍

户籍制度在我国有着十分漫长的历史，据考证，它始于周朝，到秦代已被广泛采用，更早的关于户籍制度的说法还有"登人""编户齐民""保甲制"等，可见，户籍制度在我国有着浓厚的历史色彩，深受传统文化和社会经济制度的影响。随着 1958 年我国《户口登记条例》的出台实施，城乡人口的流动开始受到严格限制，"农业户口"和"非农业户口"两种户籍的区分，实际上否定了之前宪法规定的居民"迁徙自由"权和"居住自由"权。自此，"户口"几乎成为计划经济体制在每个公民身上的最深烙印。

在市场经济环境下，户籍制度的刚性障碍既使劳动力无法自由迁移，也限制了社会资源的有效配置，不利于经济社会的协调发展。在具体实践中，公民的很多基本权利，如劳动权、社会福利权、教育权等，都不同程度地与户籍制度挂钩。在某种意义上，当前各种制约城市化进程顺利推进、阻碍劳动力合理流动的制度因素都或多或少地与户籍制度相关联。而乡城迁移劳动力在城市就业市场所遭遇的各种不公平待遇，以及劳动者就业、获取回报、享有社会福利的合法权益难以保障等问题，都与户籍制度密切相关。

目前，我国的户籍制度改革正在进行过程中，然而，要真正地取消城乡居民的身份区别，实现劳动力在城乡之间、地区之间的充分流动，我们还有很长的路要走。当前，应在各地区深化户籍制度改革，让农民能够真正自由地迁移和就业，使城市与乡村的界限进一步消融。此外，在意识形态上，应在广泛宣传的基础上，为城乡和谐创造良好的精神文化氛围，严格制止对进城务工人员的不平等政策和歧视行为，逐步消融人们思想中关于户口、身份差别的观念。

2. 进一步推进就业体制改革，减少就业歧视，倡导建立基于劳动者人力资本水平和人才素质的市场化就业系统

在市场化就业机制下，劳动者的人力资本水平是劳动力市场上的一个自然划分因素，较高的人力资本禀赋是劳动者在就业市场上具有较高竞争力的砝码。素质、技能水平较高的劳动者，其从业层次也较高，从而能够获得与其技能水平相符合的高收入；而技能水平较低的劳动者，从业的层次相对较低，因此获得的收入也较低。这种基于人力资本水平的划分因素进一步鼓励劳动者进行人力资本投资，提高其人力资本水平，从而形成一种良性的循环。因此，规范有效的市场化就业机制应是以劳动者的人力资本水平为导向的，强调不同劳动者之间由能力素质和生产效率的差异所引起的从业层次和收益的竞争。

在转轨阶段，我国的劳动力市场不仅呈现城乡二元分割的格局，而且具有主要就业市场和次要就业市场同时存在的特点。然而，这种就业市场的分割并不是基于劳动者人力资本水平差异的自然划分，而是一种基于劳动者的户籍身份差异、地区差异等的制度性分割，因此，两种劳动力市场形态在劳动者的就业竞争、就业层次以及工资水平上都存在较大差别。

由于这种制度性分割的存在，两种就业市场形态伴随着截然不同的就业机制。次要就业市场的就业机制以市场为基础，劳动者具

有较高的人力资本水平和生产效率，员工的录用也更趋于市场化。相反，主要就业市场在传统制度性因素的重重庇护下，企业在雇用员工时以体制内安排为主，而不是对外公开、公平竞争，员工的录用标准也并不与个体的人力资本水平直接相关。而且，被临时雇用者与正式员工相比，无论在薪酬还是待遇方面都存在明显差别，企业对职工的业绩考评也并不基于员工的生产效率或边际劳动生产率。

由于传统就业体制的影响，制度性歧视在主要就业市场上普遍存在。乡城迁移劳动力即使素质和技能水平较高，也很难拥有正式的就业岗位，即使能够就业，也仅限于一些临时性的岗位，其收入水平与自身素质很难相符。这不仅严重破坏了就业环境的公平性，还降低了企业的有效产出，使生产效率低下，难以满足社会需求。

当前，要消除就业歧视，构建城乡平等的就业体系，不仅要进行深入的户籍制度改革，实现劳动要素的自由流动，还要通过就业体制改革的不断推进，根除制度性的就业不平等，为乡城迁移劳动力提供一个公平合理的就业平台，尤其应促进国有企业在招录方式、薪酬制度、员工考核等制度上的改革，逐步建立以人力资本水平和人才素质为基础、强调竞争和效率的现代市场化就业机制，从而与次要就业市场在机制上合理衔接，为在城乡之间形成一个并不是基于地区、身份而是基于人力资本水平的平等的就业系统奠定基础。

3. 以建立平等、开放、统一的城乡就业市场和人力资本市场为目标，赋予乡城迁移劳动力平等的迁移权、居住权、就业权等权利

消除城乡差距，是我国城市化进程的关键部分，而建立城乡统一的就业市场和人力资本市场，让不同的劳动者享有公平的就业机会，以及平等的迁移、居住、社会保障等方面的权利，是缩小城乡差距的重要前提，因此，促进城乡协调发展的关键，就是促进城乡劳动者在迁移、居住、就业、社会自组织等方面的协调发展，具体应从以下几方面进行。

首先，应将城乡劳动者享有平等的迁移、居住、就业、社会自组织等方面的权利，在法治的层面予以明确，为劳动者的这些合法权利提供坚实的法律保障。其次，加快推动户籍制度的深层次改革，逐渐消除与户籍制度挂钩的城乡居民在迁移、居住、就业、社会保障、卫生保健等方面的不平等待遇，从制度层面打破各种歧视性壁垒。再次，通过强化行政干预和行政执法等方式，对歧视和限制乡城迁移劳动力就业的地方保护行为予以整治。最后，应推动各地区根据当地情况进一步实践，在就业门槛、工作和居住环境、薪酬标准、子女就读以及技能培训等方面，让乡城迁移劳动力拥有和当地城市居民相同的权利和福利，为促进乡城劳动力迁移的长效发展及建立平等、开放、统一的就业市场和人力资本市场，积攒改革实践的经验。

四　构建促进乡城迁移劳动力在非农业部门就业的社会服务和权益保障体系

乡城迁移劳动力由农业部门转移到城市非农业部门，这是一个动态的、充满不确定性的过程，这一过程的完成，不仅要求迁移者自身具备相应的人力资本水平，而且政府和社会还要为迁移者在非农业部门的就业提供社会服务和社会权益保障，帮助其顺利完成迁移。

第一，构建乡城劳动力迁移的社会服务体系。为了提高乡城迁移劳动力在非农业部门成功就业的概率，开展有针对性的就业指导和服务十分必要。在这一过程中，政府肩负着十分重要的职责，不仅要监督就业服务机构的有效运行，而且要对乡城迁移劳动力的迁移和职业选择提供有针对性的社会服务。此外，政府应设立为乡城迁移劳动力提供定向服务的公共部门，具体职责包括：就业政策指导、岗位信息提供、技能培训和业务指导等。

第二，构建保障乡城迁移劳动力自身权益的制度体系。首先，应将城乡劳动者享有平等的迁移、居住、就业、社会自组织等方面的权利，在法治上予以明确，为劳动者的这些合法权利提供坚实的法律保障。其次，各地区应规范农民工市场的秩序，严格执法，对一些用工企业劳动合同不规范、拖欠工资、工作环境恶劣等违法行为，应严格予以查处，保障进城务工人员的合法权益。此外，可以通过进城务工人员工会或协会的建立，提高乡城迁移劳动力保护自身权益的能力。再次，按照建立平等、开放、统一的就业市场和人力资本市场的目标，将社会保障试点改革进一步在乡城迁移劳动力中推行，将乡城迁移劳动力纳入社会保障体系，让他们的辛勤汗水和劳动得到相应的社会保障。最后，增强乡城迁移劳动力的法律意识。可以通过多种渠道的宣传，让农民学习和了解法律知识，增强他们的法制观念和捍卫自身合法权益的意识。此外，对乡城迁移劳动力的合法维权行为，政府部门应给予保护，为其提供法律支援，严格依法办事，从法治的层面维护乡城迁移劳动力的合法权益。

第8章 结论及进一步研究的方向

第一节 主要结论

本书围绕乡城劳动力迁移及其与农村人力资本积累的相关关系这一主题，采用理论分析和实证检验相结合、微观分析和宏观分析相结合、纵向的历史发展进程分析和横向的国内外比较分析相结合的方法，展开了深入的研究，全书的主要研究结论大致包括以下8个方面。

第一，人力资本水平的提高是农业部门持续发展的关键因素。将人力资本要素纳入已有的二元结构理论模型中进行分析，考虑人力资本水平的差异时，农业产品稀缺点和市场化点的重合将会延迟，农业部门与工业部门之间的工资差距会更大，农业现代化进程会因此而延长。此时，农业部门的进一步发展，不仅需要以更高水平的农业技术进步的生成机制与高人力资本禀赋的劳动力流出相适应，还需要农业部门的人均人力资本投资增长率高于高人力资本劳动力向工业部门转移所产生的人均人力资本的下降率。

第二，对乡城劳动力迁移与农村人力资本积累的一般关系的理论模型分析表明，当农业劳动力的迁移概率满足一定范围时，乡城劳动力迁移与农村人力资本提升具有正向的强相关关系。在 $p^c > 0$ 的条件下，当迁移概率（p）满足第一阶段和第二阶段的范围，即 $0 < p < p^c$ 时，乡城劳动力迁移都是有利于农村地区的人力资本

积累的，特别是当迁移概率 p 满足第一阶段的范围时，迁移概率的提高能够提高农业部门劳动力中受教育者所占的比重，直到达到该比重的最大值，也就是说，在该区间内，乡城劳动力迁移能够对农村人力资本积累水平产生较强的提升作用。而随着迁移的持续进行，农村人力资本积累水平在达到最高值后进入第二阶段，此时，农业部门劳动力迁出所带来的人力资本流失效应超过了部门内部人力资本投资增加带来的人力资本提升效应，农村人力资本积累水平开始呈下降趋势，但仍高于无迁移状态（封闭状态）下的农村人力资本水平。

第三，在乡城劳动力迁移对农村人力资本积累的强相关作用下，农业部门人力资本动态提升的过程主要包括以下 3 点。首先，基于微观视角，具有较高人力资本水平的农业部门劳动力向非农业部门迁移，能够促使农村家庭重视教育并提高家庭成员的非农业收入，在一定程度上刺激农村居民家庭对人力资本的投资。其次，基于宏观视角，乡城劳动力迁移不仅能够通过提高农村的土地装备率，提高农业部门的边际劳动生产率和农业部门的人均收入，还能进一步提高物质资本和人力资本作为农业生产中重要投入要素的重要性，从而使农业部门生产技术的进步和变革显得更为迫切，也对农业劳动者的生产技能、协调组织能力、创新的思维和理念以及学习能力等提出了更高要求。在这一系列过程中，农业部门的人力资本得到了整体的提升。最后，迁移能够在无形中形成一种不需要物质投入的人力资本提升途径。异地转移的乡城迁移劳动力在城市非农业部门就业，能够获得城市先进的思想理念、精神文化氛围的熏陶，并有机会将这些先进的思想、文化、理念等带回家乡，为当地的教育、专业技能培训、农村整体精神文明的提高以及经济的发展等人力资本积累的重要方面注入新的动力。

第四，与西方国家的劳动力转移过程相比，我国的乡城劳动力迁移遵循了一条具有鲜明中国特色的特殊路径。回顾改革开放以来我国乡城劳动力迁移的发展历程可以发现，我国的乡城劳动力迁移与制度变迁、人力资本积累是动态相关的，同时，与其他国家相比，我国的乡城劳动力迁移具有显著的差异性。这主要与我国特殊的国情、经济发展阶段和基本的土地制度有关。此外，我国乡城劳动力迁移的特殊性还表现在以下几大方面特征上，即鲜明的地域和空间范围特征，显著的就业部门特征，兼业特征，显著的地区不平衡特征，鲜明的人力资本特征，以及非永久性迁移的特征等。

第五，随着乡城劳动力迁移的持续进行，我国农村地区的人力资本水平有所提升，但提升不足，积累不够。无论在教育事业、医疗卫生事业，还是农村劳动力的培训和迁移方面，在人力资本投资总量上都无法满足农业部门的有效需求，在人力资本投资结构上，城乡差距依然明显。

第六，时间序列分析的结果表明，在现阶段，我国的乡城劳动力迁移对农村人力资本存量水平具有相关作用，但作用并不明显，在短期内还没有显著地表现出来。乡城劳动力迁移所得的非农业收入占家庭人均纯收入的比重对农户的人力资本投资具有一定正向的相关作用，但非农就业比重对农村家庭人力资本投资的影响则并不显著。综合来看，在转轨阶段，我国的乡城劳动力迁移对农村人力资本提升的强相关作用表现得并不明显，前者对后者具有一定的相关作用，但在一定程度上较弱。这种弱相关性的形成，不仅与我国乡城劳动力迁移的特殊历史发展路径有关，也与转轨阶段迁移进程中存在的很多问题和障碍所带来的劳动力迁移的盲目性、无序性、低效性以及迁移不畅等有关，因而限制了乡城劳动力迁移对农村人力资本提升强相关作用的发挥。

第七，基于微观视角，家庭决策与社区发展都会影响乡城劳动力迁移的决策；基于宏观视角，影响乡城劳动力迁移有效进行的宏观制度因素主要包括户籍制度、城乡劳动力市场的制度性分割以及一些歧视性的就业政策等。这些制度性障碍的存在造成了劳动力市场和人力资本市场竞争机制的扭曲，使乡城迁移劳动力难以获得相对公平的人力资本投资回报。影响在乡城劳动力迁移背景下农村人力资本提升的制度因素主要存在于农村人力资本投资领域，具体表现在农村教育制度、医疗卫生制度以及迁移培训制度等方面存在的问题。

第八，为了解决当前乡城劳动力迁移有效性不足和农村人力资本提升缓慢等问题，推动我国乡城劳动力迁移与农村人力资本提升由弱相关向强相关转化十分必要。这一战略转变的实现需要以一定的制度环境为基础。从乡城劳动力迁移背景下农村人力资本提升的框架体系来看，转变经济发展方式、构建有助于农村人力资本内生和健康成长的制度、建立人力资本投资回报的制度体系、形成统一的劳动力市场以及改革迁移劳动力的社会保障制度等都是重要的影响因素。因此，只有通过源源不断的制度创新，对这些领域进行深入而彻底的改革，才能为促进乡城劳动力迁移背景下农村人力资本的提升营造一个良好的外部环境。

第二节　进一步研究的方向

第一，关于构建在乡城劳动力迁移背景下农村人力资本提升的框架体系，推动乡城劳动力迁移与农村人力资本提升由弱相关向强相关转化，这是农业和农村实现可持续发展的重要环节。限于篇幅，本书仅对这一框架体系做了粗略分析，在具体的制度对策上，也只是对现阶段如何通过外生制度的改革和相关制度的支持实现这一转变过程进行了探讨，并没有进行深入研究。

第二，我国乡城劳动力迁移的地区差异十分明显，因此，乡城劳动力迁移对农村地区人力资本积累的影响，还需要针对不同地区的情况进行区域性考察，并相应地进行制度对策的设计。

第三，关于农村人力资本的积累和深化，还可以从建立农业行业协会、提高农民自组织能力等方面进行考察。同时，如何在乡城劳动力迁移过程中，让城市进一步通过先进文化思想的外溢，提高农村劳动力的思想觉悟，提升农村人口的文明程度，带动农村地区发展，也是一个需要进一步研究的方向。

第四，作为一个具有典型二元结构的发展中国家，在宏观经济总量高速增长的同时，如何缩小城乡差距，如何促进乡城劳动力合理有效地迁移，为城乡人口提供一个统一、平等、开放的竞争环境，从而提升农村居民的整体素质和技能水平，在立足我国现实情况、借鉴其他国家经验的基础上，这些问题仍有待深入具体的研究。

参考文献

1. 白南生、宋洪远：《回乡，还是进城？——中国农村外出劳动力回流研究》，中国财政经济出版社，2002。

2. 〔美〕贝克尔：《歧视经济学》，于占杰译，商务印书馆，2014。

3. 〔美〕贝克尔：《人力资本》，梁小民译，北京大学出版社，1987。

4. 蔡昉：《中国流动人口问题》，河南人民出版社，2000。

5. 蔡昉、都阳、王美艳：《劳动力流动的政治经济学》，上海三联书店，上海人民出版社，2003。

6. 蔡昉：《中国人口与劳动问题报告》，中国社会保障出版社，2005。

7. 蔡昉、白南生：《中国转轨时期劳动力流动》，社会科学文献出版社，2006。

8. 〔美〕费景汉、拉尼斯：《劳动力剩余经济的发展》，王月、甘杏娣等译，华夏出版社，1989。

9. 陈浩：《农村劳动力非农就业研究——从人力资本视角分析》，中国农业出版社，2008。

10. 辜胜阻、简新华主编《当代中国人口流动与城镇化》，武汉大学出版社，1994。

11. 国家统计局：《中国统计年鉴》（历年），中国统计出版社。

12. 国家统计局：《中国教育经费年鉴》（历年），中国统计出版社。

13. 国家统计局农村司：《2008年中国农村劳动力调研报告》，中国统计出版社，2008。

14. 国家统计局农村司：《农村住户调查年鉴》（历年），中国统计出版社。

15. 国家统计局农村司：《中国农村统计年鉴》（历年），中国统计出版社。

16. 国家统计局农调总队：《劳务经济与农民收入增长研究》，党建读物出版社，2003。

17. 郎永清：《二元经济结构条件下的结构调整与经济增长——以劳动力转移为主线》，经济科学出版社，2007。

18. 劳动与社会保障部、国家统计局：《中国农村劳动力就业及流动状况（1997/1998）研究报告》，2000。

19. 李剑阁、韩俊：《新农村建设亟待解决的问题——对全国2749个村庄的调查、比较》，《比较》2006年第31期。

20. 李路路：《向城市移民：一个不可逆转的过程——中国进城农民工的经济社会分析》，社会科学文献出版社，2003。

21. 〔美〕刘易斯：《二元经济论》，施炜等译，北京经济学院出版社，1989。

22. 〔美〕罗得菲尔德等：《美国的农业与农村》，安子平、陈淑华等译，农业出版社，1983。

23. 罗明忠：《农村劳动力转移：决策、约束与突破——"三重"约束的理论范式与其实证分析》，中国劳动社会保障出版社，2008。

24. 盛来运：《流动还是迁移——中国农村劳动力流动过程的经济学分析》，上海远东出版社，2008。

25. 王亚南主编《资产阶级古典政治经济学选辑》，商务印书馆，1979。

26. 王洪春等:《中国民工潮的经济学分析》,中国商务出版社,2004。

27. 〔美〕西奥多·W. 舒尔茨:《论人力资本投资》,吴珠华等译,北京经济学院出版社,1990。

28. 〔美〕雅各布·明塞尔:《人力资本研究》,张凤林译,中国经济出版社,2001。

29. 中央编译局:《列宁选集》(第3卷),人民出版社,1984。

30. 蔡昉:《中国城市限制外地民工就业的政治经济学分析》,《中国人口科学》2000年第4期。

31. 蔡新会:《中国城市化过程中的乡城劳动力迁移研究》,复旦大学博士学位论文,2004。

32. 陈浩:《人力资本与农村劳动力非农就业问题研究》,南京农业大学博士学位论文,2007。

33. 储德银等:《农村医疗卫生存在的问题及财政对策构想》,《中国卫生事业管理》2008年第4期。

34. 都阳、朴之水:《劳动力迁移收入转移与贫困变化》,《中国农村观察》2003年第5期。

35. 杜鹰:《现阶段中国农村劳动力流动的群体特征与宏观背景分析》,《中国农村经济》1997年第6期。

36. 董理:《劳动力迁移的选择性与迁出地人力资本形成》,《经济问题》2007年第9期。

37. 方竹兰:《中国转轨阶段的权利经济学初探》,《首都师范大学学报》(社会科学版)2010年第2期。

38. 郭剑雄、刘叶:《选择性迁移与农村劳动力的人力资本深化》,《人文杂志》2008年第4期。

39. 郭熙保、黄灿:《刘易斯模型、劳动力异质性与我国农村劳动力选择性转移》，《河南社会科学》2010 年第 2 期。

40. 蒋智华：《托达罗人口流动模型对中国农村剩余劳动力转移的启示》，《经济问题探索》2000 年第 5 期。

41. 洪银兴、曹勇：《经济体制转轨时期的地方政府功能》，《经济研究》1996 年第 5 期。

42. 侯风云：《中国农村人力资本收益率研究》，《经济研究》2004 年第 12 期。

43. 黄辰喜：《九十年代中国农村劳动力转移的特征、作用和趋势》，《人口研究》1993 年第 3 期。

44. 李国平、范红忠：《人口分布、生产集中与区域经济差异》，《经济研究》2003 年第 11 期。

45. 李强：《中国外出农民工及其汇款之研究》，《社会学研究》2001 年第 4 期。

46. 李实：《中国个人收入分配研究回顾与展望》，《经济学》（季刊）2003 年第 2 期。

47. 李实：《中国经济转轨中劳动力流动模型》，《经济研究》1997 年第 1 期。

48. 刘强：《中国经济增长的收敛性分析》，《经济研究》2001 年第 6 期。

49. 刘秀梅：《我国农村劳动力转移及其经济效应研究》，中国农业大学博士学位论文，2004。

50. 刘叶：《选择性迁移、人力资本深化与中国农业发展》，陕西师范大学硕士学位论文，2009。

51. 李国平、范红忠：《人口分布、生产集中与区域经济差异》，《经济研究》2003 年第 11 期。

52. 盛来运：《农村劳动力外出的动因》，《中国统计》2007 年第

8 期。

53. 盛来运：《农村劳动力流动的经济影响和效果》，《统计研究》
2007 年第 10 期。

54. 盛来运：《农民工的困惑：返乡还是留城》，《中国统计》2009 年
第 5 期。

55. 苏晓艳、范兆斌：《我国农村医疗卫生领域中的政府缺位分析》，
《经济纵横》2005 年第 4 期。

56. 孙燕铭：《当前卫生资源配置状况及政府责任的思考》，《华东经
济管理》2006 年第 6 期。

57. 唐家龙、马忠东：《中国人口迁移的选择性：基于五普数据的分
析》，《人口研究》2007 年第 5 期。

58. 王德文：《作为市场化的人口流动——第五次人口普查数据分
析》，《中国人口科学》2003 年第 5 期。

59. 王萍：《国外农村劳动力乡城转移理论研究综述》，《大连海事大
学学报》（社会科学版）2007 年第 6 期。

60. 王萍：《中国农村剩余劳动力乡城转移问题研究》，东北财经大
学博士学位论文，2006。

61. 王世清：《农民种粮：一年收入多少钱》，《思想理论动态参阅》
2000 年第 9 期。

62. 邢红、刘俊昌等：《关于我国农村剩余劳动力问题的思考》，《北
京林业大学学报》（社会科学版）2005 年第 3 期。

63. 许可：《我国农村剩余劳动力转移研究》，山东大学博士学位论
文，2005。

64. 杨团：《中国社会政策基本问——以新型合作医疗政策为例》，
《科学决策》2004 年第 12 期。

65. 杨云彦：《劳动力流动、人力资本转移与区域政策》，《人口研

究》1999 年第 5 期。

66. 姚红：《试析财政在我国农村医疗卫生事业中的作用及其形式》，《经济师》2005 年第 4 期。

67. 姚先国、张海峰：《中国教育回报率估计及其城乡差异分析——以浙江、广东、湖南、安徽等省的调查数据为基础》，《财经论丛》2004 年第 6 期。

68. 姚宇：《国外非正规就业研究综述》，《国外社会科学》2008 年第 1 期。

69. 曾国江：《人力资本理论研究及其运作意义》，《企业文化》1999 年第 4 期。

70. 张林秀、霍艾米、罗斯高等：《经济波动中农户劳动力供给行为研究》，《农业经济问题》2000 年第 5 期。

71. 赵海：《人力资本与农村劳动力非农就业研究》，华中科技大学博士学位论文，2009。

72. 赵耀辉：《中国农村劳动力流动及教育在其中的作用——以四川省为基础的研究》，《经济研究》1997 年第 2 期。

73. 中国劳动力市场信息网监测中心：《2009 年第三季度部分城市公共就业服务机构市场职业供求状况分析》，中国劳动力市场网，2009 - 11 - 09，http：//www. lm. gov. cn/gb/data/2009 - 11/09/content_ 332846. htm。

74. 中国农村劳动力转移培训网：http：//www. nmpx. gov. cn/yang-guanggongcheng/default. htm。

75. 周天勇：《托达罗模型的缺陷及其相反的政策含义——中国剩余劳动力转移和就业容量扩张的思路》，《经济研究》2001 年第 3 期。

76. 周晓、朱农：《论人力资本对中国农村经济增长的作用》，《中国人口科学》2003 年第 6 期。

77. Arrow, K. J. , "The Economic Implications of Learning by Doing," *Review of Economic Studies*, 29（3）, 1962, pp. 155 – 173.

78. Becker, Gary S. , Murphy, Kevin M. and Tamura, Robert F. , "Human Capital, Fertility, and Eeonomic Growth," *Journal of Political Economy*, 98（5）, 1990, pp. 12 – 37.

79. Beine, M. , Docquier, F. and Rapoport, H. , "Brain Drain and LDCs' Growth: Winners and Losers," *The Institute for the Study of Labor（IZA）Discussion Paper No. 819*, 2003.

80. Bhagwati, J. N. and Hamada, K. , "The Brain Drain, International Integration of Markets for Professionals and Unemployment," *Journal of Development Economics*,（1）, 1974, pp. 19 – 42.

81. Borjas, G. J. , Bratsberg, B. , "Who leaves? The Out Migration of the Foreign – born," *Review of Economics and Statistics*, 78（1）, 1996, pp. 165 – 176.

82. Chang, Hongqin, Dong, Xiao – yuan and MacPhail, Fiona, "Labor Migration and Time Use Patterns of the Left – behind Children and Elderly in Rural China," *World Development*, 39（12）, 2011, pp. 2199 – 2210.

83. Chen, Hung – ju, "A Brain Gain or A Brain Drain? Migration, Endogenous Fertility, and Human Capital Formation," *Economic Inquiry*, 47（4）, 2009, pp. 766 – 782.

84. Coniglio, Nicola D. and Prota, F. , "Human Capital Accumulation and Migration in a Peripheral EU Region: the Case of Basilicata," *Papers in Regional Science*, 87（1）, 2008, pp. 77 – 95.

85. De Brauw, Alan, Huang, Jikun, Rozelle, Scott, Zhang, Linxiu and

Zhang, Yigang, "The Evolution of China's Rural Labor Markets During the Reforms," *Journal of Comparative Economics*, 30 (2), 2002, pp. 329 – 353.

86. Faini, R., "Development, Trade and Migration," *Proceedings from the ABCDE Europe Conference*, 1 – 2, 2002, pp. 85 – 116.

87. Fan, C. Simon and Stark, Oded, "Rural – to – urban Migration, Human Capital, and Agglomeration," *Journal of Economic Behavior & Organization*, 68 (1), 2008, pp. 234 – 247.

88. Frey, William H., "Immigration and Domestic Migration in US Metro Areas: 2000 and 1990 Census Findings by Education and Race," *Research Report* 05 – 472, *Population Studies Center*, The University of Michigan, 2005.

89. Fu, Yuming and Gabriel, Stuart A., "Labor Migration, Human Capital Agglomeration and Regional Development in China," *Social Science Electronic Publishing*, 42 (3), 2011, pp. 473 – 484.

90. Gujarati, Damodar N., *Basic Econometrics* (New York City, NY, U. S.: McGraw – Hill, 1995), p. 386.

91. Huffman, E. W., "Farm and Off – farm Work Decisions: The Role of Human Capital," *The Review of Economics and Statistics*, 62 (1), 1980, pp. 14 – 23.

92. Isserman, Andrew M., Plane, David A., Rogerson, Peter A. and Beaumont, Paul M., "Forecasting Interstate Migration with Limited Data: A Demographic – Economic Approach," *Journal of the American Statistical Association*, 80 (390), 1985, pp. 277 – 285.

93. Kanbur, R. and Rapoport, H., "Migration Selectivity and the Evolution of Spatial Inequality," *Journal of Economic Geography*, 5 (1),

2005, pp. 43 – 57.

94. Lee, Everett S. , "A Theory of Migration," *Demography*, 3 (1), 1966, pp. 47 – 57.

95. Lewis, G. J. , *Human Migration* (London, UK: Groom Helm Ltd, 1982).

96. Lewis, W. Arthur, "Economic Development with Unlimited Supplies of Labor," *Manchester School of Economic and Social Studies*, 22 (2), 1954, pp. 139 – 191.

97. Liu, Jialu, "Human Capital, Migration and Rural Entrepreneurship in China," *Indian Growth and Development Review*, 4 (2), 2011, pp. 100 – 122.

98. Liu, Zhiqiang, "Human Capital Externalities and Rural – urban Migration: Evidence from Rural China," *China Economic Review*, 19 (3), 2008, pp. 521 – 535.

99. Luca, Spinesi, "Vertical and Horizontal Innovation: Effects of Globalization and Migration on Inequality, Growth and Human Capital Accumulation," *IRES Discussion Paper* 2005028, May 2005.

100. Massey, D. S. , Golding, L. P. , "Communities in Transnational Migration: A Theoretical, Empirical and Policy Analysis," *American Journal of Sociology*, 99, 1994, pp. 1492 – 1533.

101. McKenzie, J. David and Sasin, Marcin J. , "Migration, Remittances, Poverty and Human Capital: Conceptual and Empirical Challenges," No. 4272, *Policy Research Working Paper Series from The World Bank*, 2007.

102. M. Domingues, D. Santos and Postel – Vinay, F. , "Migration as A Source of Growth: The Perspective of a Developing Country," *Jour-*

nal of Population Economics, 16（1）, 2003, pp. 161 – 175.

103. Meng, Xin, *Labor Market Reform in China*（Cambridge, UK: Cambridge University Press, 2000）.

104. Mincer, Jacob, "Investment in Human Capital and Personal Income Distribution," *Journal of Political Economy*, 66（4）, 1958, pp. 281 – 302.

105. Mincer, Jacob, *Studies in Human Capital: Collected Essays of Jacob Mincer*, *Volume* 1（Edward Elgar Publishing Limited, 1993）.

106. Miyagiwa, K. , "Scale economics in education and the Brain Drain Problem," *International Economic Review*, 32（3）, 1991, pp. 743 – 759.

107. Oberai, A. S. , "Migration, Urbanization and Development", *background paper for Training in Population, Human Resources and Development Planning*, Paper No. 5, International Labor Office Geneva, 1987.

108. Piore, M. J. , "The Dual Labor Market: Theory and Application," *The State and the Poor*, ed. by R. Barringer and S. H. Beer, （Cambridge, Massachusetts: Winthrop, 1970）.

109. Rauch, J. E. and Casella, A. , "Overcoming Information Barriers to International Resource Allocation: Prices and Ties," *Economic Journal*, 113（484）, 2003, pp. 21 – 42.

110. Reaume, David M. , "Migration and the Dynamic Stability of Regional Economic Models," *Economic Inquiry*, 21（2）, 1983, pp. 281 – 293.

111. Robles, Veronica Frisancho and Oropesa, R. S. , "International Migration and the Education of Children: Evidence from Lima, Peru,"

Population Research and Policy Review, 30（4）, 2011, pp. 591 – 618.

112. Shi, Anqing, "Migration in Towns in China, a Tale of Three Provinces: Evidence from Preliminary Tabulations of the 2000 Census," *World Bank Policy Research Working Paper No. 3890*, 2006.

113. Stark, O., Helmenstein, C. and Prskawetz, A., "A Brain Gain With A Brain Drain," *Economic Letters*, 55, 1997, pp. 227 – 234.

114. Stark, O. and Taylor, J. E., "Migration Incentives, Migration Types: The Role of Relative Deprivation," *The Economic Journal*, 101（408）, 1991, pp. 1163 – 1178.

115. Todaro, Michael P., "A Model of Labor Migration and Urban Unemployment in Less Developed Countries," *American Economic Review*, 59, 1969, pp. 138 – 148.

116. Todaro, Michael P., "Labor Migration and Urban Unemployment: Reply," *American Economic Review*, 60（1）, 1970, pp. 187 – 188.

117. Todaro, Michael P., "Urban Job Expansion, Induced Migration, and Rising Unemployment," *Journal of Development Economics*, 3（3）, 1976, pp. 211 – 225.

118. Todaro, Michael P., "Urbanization in Developing Nation: Trends, Prospects and Policies," *Urban Development in the Third World*, ed. P. K. Ghosh（Westport: Greenwood Press, 1984）.

119. Todaro, Michael P. and Smith, Stephen C., *Economic Development*（UK: Pearson Education Limited, 2003）.

120. Topel, Robert H., "Local Labor Markets," *Journal of Political Economy*, 94（3）, 1986, pp. 111 – 143.

121. Treyz, George I., Rickman, Dan S., Hunt, Gary L. and Greenwood, Michael J., "The Dynamics of US Internal Migration," *The*

Review of Economics and Statistics, 75（2）, 1993, pp. 209 – 214.

122. Vias, Alexander C. , "Micropolitan Areas and Urbanization Proces-ses In the US," *Cities*, 29（4）, 2012, pp. S24 – S28.

123. Zhao, Yaohui, "Labor Migration and Earnings Differences: The Case of Rural China," *Economic Development and Cultural Change*, 47 （4）, 1999, pp. 767 – 782.

124. Zhao, Yaohui, "The Role of Migrant Networks in Labor Migra-tion: The Case of China," *Contemporary Economic Policy*, 21（4）, 2003, pp. 500 – 511.

致　谢

　　时光飞逝，自 2008 年远渡重洋赴美求学到现在，已有 7 个年头。学业、生活的繁忙，让我来不及思考，就已来到了人生的十字路口。在这个绿意盎然的季节，掩卷沉思，这一刻的静谧竟让我如此感动。岁月在记忆中留下的痕迹，或深或浅，或曲或直，每一个脚印都真实记载着历练成长的坚定与执着。在异国求学的日子里，行囊中装满了细细密密的关爱与支持，让我即便在最困难无助的时刻，内心也始终是勇敢而温暖的。怀揣着一颗感恩之心一路走来，再多的文字在无私与伟大面前都显得无力，也请允许不善言辞的我将这些温存的感动倾注于笔端，以激励自己更加从容地迎接未来。

　　感谢导师方竹兰教授在我读博期间的谆谆教导。师从方老师的几年里，她严谨的治学风范、高尚的道德情怀、甘于奉献的敬业精神和淡定豁达的生活态度，时时感染和激励着我。在学业方面，老师支持和鼓励我赴美攻读博士学位，不断拓展视野和思路。在博士论文从选题到完稿的整个过程中，她的指导和启发让我的写作思路逐渐清晰，她持续不断的鼓励让我抛却了很多顾虑和不自信，在充分研究论证之后一气呵成。老师为人、为学的高度学生难以企及，却会永远心向往之，坚持在人生的沃野上精耕细作。

　　感谢人大经济学院原导师钟契夫教授，他严肃认真的治学态度一直激励着我在经济学的研究领域不断耕耘。感谢硕士生导师金乐琴，是她手把手将我带入经济学学术研究的圣殿，帮助和鼓励我勇敢乐观地追逐梦想。

感谢方福前、顾海兵、刘瑞教授为本书提纲的拟定和后继的修改提出宝贵意见。感谢向一波、周有刚、陈爱琳、余华义等同学的关心和帮助，还有朝夕相伴的同窗好友高鑫、郝静等同学，单调的日子我们自得其乐，紧张学习之余，我们倾心畅谈，彼此透明，纯洁的友谊与日俱增。

最后，我想把感念的文字留给我至亲至爱的家庭，这里是永远都能让我安心停靠的港湾。感谢善良勤劳的母亲毅然用单薄柔弱的身躯为我的生活撑起了一片无雨的晴空。感谢坚韧严厉的父亲用最深沉的爱照亮我的心田，无论是遭遇了人生的孤独、彷徨，还是获取了成功，他都沉着、冷静、耐心和执着地陪伴我走过。感谢我的女儿，她是上天赐予我最珍贵的礼物，在那段艰难的日子里，腹中小小的她是我坚强和勇往直前的动力，我们一起并肩作战，战胜了一个又一个困难。

身在美国俄克拉荷马州的 Stillwater，2014 年的春天曾尤为特别，人生的旅程已经开启新的转折，唯有努力让每一寸光阴更有意义，才对得起生活于我的厚待。

孙燕铭

2015 年 7 月于上海

图书在版编目（CIP）数据

乡城劳动力迁移与农村人力资本积累 / 孙燕铭著 . —北京：
社会科学文献出版社，2016.3
ISBN 978 - 7 - 5097 - 8119 - 7

Ⅰ.①乡…　Ⅱ.①孙…　Ⅲ.①农村劳动力 - 劳动力转移 -
研究 - 中国 ②农村 - 人力资本 - 研究 - 中国　Ⅳ.①F323.6

中国版本图书馆 CIP 数据核字（2015）第 232981 号

乡城劳动力迁移与农村人力资本积累

著　　者 / 孙燕铭

出 版 人 / 谢寿光
项目统筹 / 高　雁
责任编辑 / 颜林柯

出　　版 / 社会科学文献出版社·经济与管理出版分社（010）59367226
　　　　　　地址：北京市北三环中路甲 29 号院华龙大厦　邮编：100029
　　　　　　网址：www. ssap. com. cn
发　　行 / 市场营销中心（010）59367081　59367018
印　　装 / 三河市东方印刷有限公司

规　　格 / 开　本：787mm × 1092mm　1/16
　　　　　　印　张：15　字　数：186 千字
版　　次 / 2016 年 3 月第 1 版　2016 年 3 月第 1 次印刷
书　　号 / ISBN 978 - 7 - 5097 - 8119 - 7
定　　价 / 75. 00 元